청어산문선
005

약함을 뛰어넘는 힘

이성원 수필집

약함을 뛰어넘는 힘

이성원 수필집

책을 시작하며:
꼭 읽고 지나가기

　이 책은 약한 사람들을 염두에 두고 쓴 글이다. 물리적으로든 마음이든 약하다는 건 세상을 살아내는 조건이 불리한 것이고 약점이다. 필자는 마음과 환경이 약해서 삶과 사람 관계가 힘들 때 이렇게 해야 하나 저렇게 해야 하나로 고민이 많았다. 어떤 선택을 하는가에 따라 억울함, 고통을 겪을 수 있고 순하게 지나갈 수도 있기 때문이다. 고통은 익숙해지는 게 아니어서다.

　이 세상에는 과학, 논리, 증거가 확실한 보이는 세계만 인정하는 사람이 있고, 보이지 않는 영적 세계도 받아들이며 사는 사람이 있다. 두 세계는 서로의 가치관도 다르고 추구하며 사는 방법도 다르다. 이쪽 길로 가는 사람에게는 무가치, 무의미, 바보처럼 보이는 일이 저쪽 길로 가는 사람에게는 영원한 생명과 직결된 중요한 일일 수 있다. 서로가 생각하는 게 다른 만큼 같은 상황에 놓여도 선택, 과정, 결과가 다르고 살아내는 능력도 차이가 있다.

이 글은 서로 어떻게 다른지를 보여주는 내용이다. 하지만 어떤 세계가 옳다, 그르다를 말하려는 게 아니다. 누구나 소중한 존재여서 어떤 상황에서든 자신을 잘 지킬 수 있기를 희망하며 썼다. 먼저 자신을 지킬 수 있어야 평안하고 남도 도울 수 있다.

　개인적 경험은 자랑 같아서 조심스럽다. 하지만 현실의 땅에 발을 딛지 않고 구름 위에 앉아 감성으로만 쓴 글이 아니어서 누구나 공감할 수 있으리라 생각한다.

여름이 오는 길목에서
이성원

차례

책을 시작하며 : 꼭 읽고 지나가기　4

제1부
약한 건 약점이다

약함을 뛰어넘는 힘	14
신(神)은 만들어졌다?	18
노인의 고집이란	22
가난한 자의 여유	25
자살 암시자	29
직장과 교회의 편싸움	33
멘탈 강화법	37
미스테리(mystery)	41
비판력도 재능이다	44
중보기도와 암 치료	47
인생의 밑바닥	50

제2부
하나님은 천국에서 어떤 사람들과 살고 싶을까

소금은 소금 더미에서 녹지 않는다	56
천사들을 만났다	59
인생이 가장 추울 때 만난 친구	62
계산적이면 고독해진다	66
부모 봉양은 의무가 아니다	69

제3부
좋은 생각으로 나쁜 상황을 이긴다

교회 생활의 원칙	74
두려운 사람	77
미움이 생길 때	80
홀로는 결핍이 아니다	83
왕따 경험과 영적 지혜	86
죽으면 그만이다	90
싫은 사람 참아내기	93

금수저와 뻘수저	96
개똥밭에 구르는 이승	99

제4부
규칙은 없다 원하는 대로

이웃 사랑은 어디까지인가	104
속 썩이는 자식	107
개는 짖어도 기차는 달린다	110
부탁	113
자기가 다 똑똑한 줄 안다	116
복수심	119

제5부
고독한 대면

가계에 흐르는 유전	124
인간관계에서 중요한 것	127

노숙자와의 조우 130

동병상련 133

운명은 받아들이는 게 아니라 선택 136

원수 139

자초하는 고난 143

이웃과의 분쟁 146

배타주의 149

비아 돌로로사(Via Dolorosa) 152

제6부

궤도 이탈

사기꾼과 한통속인 존재 156

감정 쓰레기통 159

사람은 진짜 변하지 않을까 162

비겁한 텃세 165

얻어먹기만 하는 사람 168

남이 잘되는 꼴은 못 본다 171

제7부

내 눈에만 보여요

예언과 작가가 된 동기	176
뒷담화	180
4차원 세계	184
신(神)의 음성을 듣다	187
부모는 하나님을 아는 지름길	191
살아내는 능력이 달라진다	195

제1부

약한 건 약점이다

약함을 뛰어넘는 힘

〈보이는 세계〉

약함이란 가난, 못 배운 자, 병약, 마음 약함, 과부, 고아, 사회에서 소외된 변두리 인생을 말한다. 이 세상에 어떤 생명체든 약하다는 건 약점이고 사는 힘이 약해 불리하다.

자식이어도 약하면 버리는 동물이 있다. 강한 동물로부터 다른 자식을 지키기 위해서다. 약육강식의 세계에서 비정한 전략으로 개체 수를 늘리며 생존하는 것이다.

인간은 태어나 일 년이 되어야 걷지만, 동물은 몇 시간 만에 걷는다. 동물은 강한 자로부터 달아날 수 있어야 하기 때문이고 인간은 직립보행의 균형, 사회, 문화를 이루며 살기 위해 뇌의 발달과정이 필요해서다.

인간은 뇌가 발달해 생각하고 사유할 줄 알아 휴머니티(humanity)

가 있다. 그래서 인간은 자기보다 약하면 보호 대상으로 여기고 동물은 잡아먹는 것이다. 하지만 인간도 별을 쳐다보는 개처럼 생각이 없는 들판의 늑대가 많다. 자기보다 약하면 무시하고 강하면 꼬리 내린다. 자기보다 약한 자에게 함부로 하는 건 비굴, 비겁, 치사함이어도 무감각한 뇌를 가진 인간이 많은 것이다.

어떤 모습으로든 약하면 정서적 노예가 되기 쉽다. 누군가 조금만 언짢게 해도 곱씹으며 신경 쓴다. 강하면 누가 기분 나쁘게 해도 잠깐은 불쾌하지만 금방 털어버린다.

환경이 약해도 정신이라도 강한 건 능력이다. 누구나 정신의 능력은 키울 수 있다. 평소 남의 얘기 잘 듣기, 자연의 섭리 관찰, 독서 습관이 도움 된다. 세상의 이치, 객관적 시각, 사람의 내면을 보는 안목, 논리력, 분별력이 생기기 때문이다. 지피지기면 백전백승이라는 말이 있듯이 보이는 만큼 아는 만큼 힘들 것 같은 사람은 미리 비껴갈 수도 있고, 어려운 상황이어도 피할 수 없으면 요령으로 대처할 수 있다.

정신이 강해야 하는 건 남을 이기기 위해서가 아니다. 자신은 소중한 존재여서 지켜야 하기 때문이다. 자기를 지키는 건 자신밖에 없다. 먼저 자신을 지킬 수 있어야 남도 도울 수 있고 사회에도 좋은 영향을 준다.

〈보이지 않는 세계〉

인간의 약육강식은 사탄의 사이클이다. 예수님도 하나님 아들인 강자지만 약자를 챙기며 도왔고 바울도 약자에게는 약자가 되었다. 믿음의 사람은 약자에게 함부로 하지도 않지만 자신이 약자라고 할지라도 위축감이 없다.

하갈은 아브라함의 노예다. 노예는 인격이라는 게 없다. 짐승처럼 부림을 당하고 주인이 때리면 맞고 욕하면 들어야 한다. 아브라함과 그의 아내 사라도 하갈에게 친절하지 않았다.

사라가 아이를 낳지 못하자 아브라함은 하갈을 씨받이로 삼았다. 10대 후반이었던 하갈은 80대 노인 아브라함과 잠자리를 해야 했다. 노예라는 건 감정표현을 할 수 없다. 비참해도 참을 수밖에 없다.

하갈은 임신했다. 그러나 사라의 학대를 견디지 못해 도망쳤다. 도망 노예는 사람을 피해 다녀야 한다. 하갈은 정처 없이 방황하며 광야에서 굶주렸다. 그때 하나님의 사자가 나타났다(창16:7~8).

사자는 하갈에게 네 고통을 다 알고 있다고 위로해 주며 앞으로 네 씨를 번창하게 해준다고 했다. 그러나 지금은 네 주인에게 돌아가라고 했다. 사라 편을 든 게 아니다. 현재 하갈의 상황이 어디를 가도 죽음밖에 없기에 기존 질서에 순응하라고 한 것이다.

하갈은 순종하는 마음으로 아브라함에게 돌아갔다. 하지만 몸은 예전과 똑같은 상황에 놓였지만 정신은 달라졌다. 모든 사람은 생명의 존엄성과 인격이 있음을 하나님이 알려 주셨고, 자신이 하나님의 약속을 성취할 주체라자라는 걸 알았기 때문이다. 하갈 뒤에는 항상 하나님이 계신다고 하셨으며 궁극적인 소망도 생겨 극복하는 힘이 강해진 것이다.

하갈은 아브라함에게 돌아가 아들을 낳았다. 주인에게 내 아들의 이름은 내가 짓겠다고 당당하게 말하며 '이스마엘'이라고 지었다. 하나님의 사자의 말대로 오늘날 중동지역의 이슬람교는 하갈 아들 이스마엘의 후손이다.

하갈이 처참한 지경에 놓였을 때 하나님의 천사를 만나지 않았더라면 굶어 죽었거나 사람에게 잡혀 맞아 죽었거나 병신이 되었을지도 모른다.

신(神)은 만들어졌다?

〈보이는 세계〉

인생의 강물에 빠져 허우적거려 본 적이 있는가. 누구나 지푸라기라도 잡고 싶은 심정이 된다. 하지만 짚의 부스러기는 잡아도 사실상 소용이 없다. 그러나 너무 절박하면 미미한 존재감이어도 잡고 싶은 처절한 심정이 되는 것이다.

감당하기 힘든 일이 생겼을 때 스스로 해결할 능력도 없고 주변을 둘러봐도 도와줄 사람이 없으면 절망감에 빠진다. 그러나 평소 무시했던 지푸라기라도 잡고 위기를 벗어나 본 사람은 인생을 논리, 과학으로만 설명하지 않는다.

어느 날, 뒤로 넘어지고 난 후부터 등에 통증이 느껴졌다. 병원에서 타박상이니 며칠 약 먹으면 괜찮다고 했다. 하지만 몇 달이 지나도 낫지 않았다. 시간이 흐를수록 심해져 등받이가 없는 의자에는 앉아 있지 못했고 브래지어를 입으면 숨쉬기가 힘들었다.

본격적으로 양방, 한방 병원을 전전했다. 병원마다 병명이 다르게 나왔고 호전되지도 않았다. 치료되지 않는 질병이란 사면초가에 갇힌 형국이다. 사방에 적이 둘러쳐져 있는데 뚫고 나갈 방법이 없는 것이다. 속수무책으로 적의 처분만 기다리는 건 절망이다.

치료를 포기했다. 오래 앉아 있지 못해 회사 총무부에 있었던 나는 직장을 그만뒀다. 그때부터 자유로운 베이커리점을 시작했다. 하루는 단골손님과 대화 중에 10년째 앓고 있는 나의 고질병을 얘기했다. 손님은 교회 가서 기도를 해보라고 했다. 순간 속으로 콧방귀를 뀌었다. 그 당시 나는 기독교인들을 보면 어리석고 한심해 보였다. 맥락도 없이 추상적인 신을 만들어 맹신하며 시간과 돈을 갖다 바치는 게 모지리 같아서다. 여러 명이 전도하려고 정기적으로 빵을 팔아줘도 고맙지도 않았고 귀찮았다. 그러나 등 통증이 심할 때면 단골손님의 말이 떠올랐다.

〈보이지 않는 세계〉

각 사람이 교회 나가는 동기는 다양하다. 모태 신앙, 이웃, 친구의 권유, 철학적 사유, 인생의 깊은 물에 빠져 지푸라기 잡는 심정으로 가기도 한다.

칼 마르크스(karl Heinrich Marx)는 사회와 경제에 억압받는 사람이 벗어나고 싶어 '신을 만들었다'고 했다. 연약해서 모든 재해로부터 지켜주는 존재가 필요해서라는 뜻일 것이다. 그러나 미국의 사회학자 헤리엇 주커만(Harries zuck)은 신앙이란 샘물처럼 감당하는 힘, 세상이 줄 수 없는 걸 얻고, 지혜가 솟아나게 하는 실재의 그 무엇이라고 했다.

지푸라기라도 잡는 심정으로 자발적으로 교회에 나갔다. 내 분별력, 의지, 생각을 내려놓았다. 세상에는 내가 할 수 없는 게 있어서다.

40일 작정 기도를 시작했다. '40'이란 숫자는 신학적 의미보다 오직 주님을 향한 의지, 정성의 기도 모본(模本)이라고 했다. 매일 가로등불 밑에 고양이만 움직이는 캄캄한 새벽길을 나섰다. 평소 고양이를 무서워하고 어둠을 싫어했지만 목표를 향한 집념이 더 강했다. 토요일은 새벽기도가 없었다. 그러나 잠긴 교회 문 앞에 가서 혼자 땅바닥에 무릎을 꿇었다. 되면 좋고 안되면 말고의 느긋한 심정이 아니었다. 쉬지 않고 달린다는 건 그만큼 중요하다는 뜻이었고, 절실하고, 절박함의 표현이었다.

하루는 친구와 카페에서 등받이 없는 의자에 앉아 수다를 한참 떨었다. 갑자기 친구가 물었다.

"너 이제 등 괜찮아? 기대어 있지 않아도 숨소리가 편안하네."

그날은 40일 새벽기도 끝난 이틀 후였다. 어느 사이에 치료가 되어있었다.

질병에서 해방된 기쁨은 말할 것도 없지만 그 일을 통해 깨달은 건 인생의 강물에 빠져 지푸라기 잡는 심정으로 교회에 간 사람이 '있겠구나'였다. 누군가 강물에 빠져 허우적거릴 때 밧줄을 던져준 적도 없으면서 교회 다닌다고 싸잡아 비난했던 게 떠올라 부끄러웠다.

노인의 고집이란

〈보이는 세계〉

고집이란 논리도 없고 말귀도 안 통하며 무조건 우기는 것이다. 하지만 나이 상관없이 누구나 자기 고집은 다 있다. 그럼에도 노년의 고집만 유연성, 융통성 없는 불통으로 여긴다.

나이가 들면 생물학적으로 총기가 둔해지고 기억력이 떨어지며 빠르게 변하는 문화를 따라잡지 못할 수 있다. 그러나 노년의 고집은 지혜일 수도 있다. 모든 노인이 다 그런 건 아니지만 많은 경험의 데이터를 통해 통계치가 있어 어느 구름에 인생의 소낙비가 들어 있는지 직관적으로 알기 때문이다.

젊을 때는 경험보다 머리로 판단하고 분기탱천해서 앞만 보고 나아가 실패, 실수의 소낙비를 맞을 확률이 높다. 본래 작은 똥을 밟은 사람은 살피고 조심해서 큰 똥을 피할 수 있듯 경험 많은 노인은 우산을 준비하거나 피한다.

노인의 고집이란 객관적 토대인 신념, 가치관으로 자신에게 편한 옷을 디자인해 입고 있는 것과 같다. 젊은이들과 소통하는 데 유연한 사고가 필요해 노력은 하지만 누군가 아무리 멋진 옷을 권해도 갈아입지 않을 수 있다.

인생은 말, 글로 배우는 게 아니라 경험으로 깨달아야 제 것이 된다. 땀, 힘겨움, 고난은 정신적 자산이다. 미리 살아본 노인이 젊은이에게 어느 구름에 소낙비가 있는지 알려줘도 젊은이는 무시할 때가 있다. 노인은 서운하지도 않고 구태여 설득하려고 하지도 않는다. 소낙비를 맞아 감기몸살을 앓아보는 것도 나쁜 경험이 아니라는 걸 알기 때문이다. 고통 없이 성숙해지는 게 있던가.

노년의 고집은 철학이고 자존감이다. 그래서 고물처럼 낡은 게 아니라 모든 풍파를 이겨낸 황금들판의 곡식처럼 익어간다고 한다.

〈보이지 않는 세계〉

겉모습이 늙는 건 어쩔 수가 없다. 세월의 흐름에 따라 변하는 건 창조의 법칙이다. 그러나 믿음의 사람은 겉은 늙어도 속사람은 날로 새로워진다고 했다(고후4:16).

욕심, 탐욕은 내려놓고 쓸데없는 건 가지치기해서 비어있는 공간에 하나님의 에너지로 채운다. 주님 뵐 날이 가까워질수록 세상적인 것, 자식, 사람을 붙들지 않고 주님의 옷자락만 잡는 것이다. 노인이어도 주님이 소망, 소원을 주신다. 늙어도 기상과 힘을 잃지 않을 수 있다.

85세에 잔혹하기로 유명한 부족을 상대로 전쟁을 선포한 노인이 있다. 성경 인물 가운데 한 사람인 갈렙이다.

말년인 갈렙은 몸집이 크고 거친 아낙 자손을 상대로 정복의 꿈을 꾸었다. 상대가 아무리 세고 강해도 하나님이 함께하면 승리로 이끌 수 있다는 희망의 근거도 있지만 이미 그동안의 경험을 통한 지혜가 있었다.

갈렙은 젊어서 목숨을 내놓고 적진의 정탐꾼으로 나갔던 사람이다. 정체를 숨기고 적군의 동태를 살피며 살아서 돌아오기까지 판단력, 섬세하게 살피는 눈, 신중성이 필요했다. 민족의 생명이 걸려 있는 막중한 임무에 실수가 있어서는 안 되는 일이었기 때문이다.

노인인 갈렙은 전쟁은 칼, 창으로만 싸우는 게 아니라는 걸 안다. 하나님에게서 나오는 용기, 추진력과 함께 경험, 혜안, 심리전 전술도 알고 있었다.

가난한 자의 여유

〈보이는 세계〉

이 세상에는 돈으로 할 수 있는 일이 많다. 친구도 살 수 있고, 문제가 생겨도 쉽게 해결할 수 있고, 좋은 기회도 얻고, 사람들에게 대접도 받는다. 돈으로 해결할 수 있는 일만 해결해도 인생이 평온하다.

돈이 삶의 목적이 되면 안 되지만 많을수록 좋다. 하지만 돈이 없는 사람이 있는 사람들처럼 살려고 하면 가랑이 찢어진다. 자기 가랑이에 피가 나면 자신만 아프다.

인간은 현실의 굴레에서 벗어나는 게 쉽지 않다. 현재의 내 모습이 10년 후에 내 모습이라고 보면 거의 틀리지 않는다. 부모가 재산을 물려주지 않는 한 노력하면 형편이 조금은 나아지겠지만 커다란 변화는 없다.

돈이 없을수록 경제적 플랜(plan)이 확고히 세워져 있어야 한다. 성실, 검소, 절약, 조절 능력이 있어야 나이가 들어도 비참해지지 않고 사람 관계에서도 고민, 갈등이 적다.

사람들에게 인정받으려고만 하지 않으면 소신껏 사는 게 어렵지 않다. 내 마음의 평안, 행복의 기준은 남이 아니다. 외부의 눈치, 의식하며 살 필요는 없다. 자신의 형편에 맞게 표현하며 사는 게 나도 편안하고 타인에게도 부담을 안 준다.

인색함은 있으면서 안 쓰는 사람에게 하는 말이고, 없어도 자신이 할 수 있는 만큼 표현하며 사는 건 슬기로움이다.

〈보이지 않는 세계〉

교회 다녀도 가난한 사람이 부자가 되는 반전은 없다. 신앙을 기복적으로 접근하면 실망한다.

이 땅의 모든 생명은 하나님의 완성품이다. 가난하다고 대충 빚어 아무렇게나 세상에 휙 던져 놓은 게 아니다. 하나님의 뜻과 계획이 있어 그 모습으로 그 위치에 있는 것이다. 돌벽을 쌓을 때 큰 돌 틈새에 작은 돌도 필요하듯 세상의 조화, 균형을 위해 차이는 불가피하다.

가난하면 자신의 인생만 여물게 잘 살아내도 믿음 안에서 책임을 다하는 것이다. 그 자체가 주변을 안정시키는 힘이기 때문이다. 작아도 차돌처럼 단단하면 빛나기도 하지만 무엇이든 받쳐 줄 수 있다. 그러나 쉽게 부서지는 무른 돌은 큰 돌 틈에서 제 역할을 할 수 없듯이 제 인생 하나도 잘 살아내지 못하면 주변을 힘들게 한다. 불평불만으로 범죄를 일으키면 사회 질서를 어지럽히는 것이고, 환경 탓하고 징징대며 엉망진창으로 살면 가족들이 근심한다.

교회에서 헌금 많이 하고 나누고 베풀면 넘치도록 채워준다고 한다. 이 말은 틀린 말이 아니다. 그러나 정답은 아니다. 애초에 하나님은 각자에게 맡긴 사명, 소명에 따라 함지박과 간장 종지 크기처럼 물질의 분배를 다르게 주셨다. 함지박은 많이 써도 그만큼 또 채워지는 것이다. 맡은 임무를 위해 필요하기 때문이다. 하지만 간장 종지는 많이 써도 간장 종지만큼만 채워진다.

물질의 많고 적음은 운명이 아니라 사명, 은사를 위해 사용되는 도구이기에 예수님은 부자에게 가난한 자를 도우라고 했다. 목사님은 부자와 가난한 자가 섞인 대중을 향해 설교하기에 그렇게 말할 수밖에 없는 것이다.

돈이 많거나 사회적 위치가 높은 건 능력이다. 능력 있는 사람에게 관심 가는 건 당연하다. 쌀독에서 인심 나기 마련이고 그런 사람과 친하면 자존감도 높아지기에 잘못된 게 아니다. 그러나 유익이 되는 사람만 좋아하고 가난한 사람을 업신여긴다면 영적 균형을 잃은 것이다. 하나님의 창조질서를 무시하고 본질을 망각하고 있다는 표시다. 좋은 교회란 부자는 경제를 도울 수 있으니 환영받는 게 자연스럽고, 가난해도 소외감이 아니라 편안함을 느끼는 곳이다.

영적인 사람은 가난해도 가진 사람을 부러워하지도 않고, 위축되지도 않는다. 불평불만이 가득하다면 하나님의 공평한 진리, 섭리를 받아들이지 않고 있다는 뜻이다. 하나님을 의지하는 게 아니라 돈의 힘을 의지하고 있어서다.

    내일은 어떻게 될지 모르기에 내 것이 아니다. 오늘 무엇을 해야 하는지 알고만 있으면 된다. 돈으로 무엇을 이루려고 애쓰지 말고 하루하루 예수님 중심으로 마음을 잘 다스리고 가진 것만큼 쓰며 살아도 진리의 완성이다.

자살 암시자

〈보이는 세계〉

　얼굴에 수심이 가득한 한 사람이 집에 찾아왔다. 그녀는 동네에서 가끔 본 얼굴이다. 누군가에게 내가 글 쓰는 사람이라는 걸 듣고 찾아왔다고 했다.
　대화 도입에서부터 긴장감이 들게 했다. 죽으려고 극약 병뚜껑을 따려다가 마지막으로 누군가와 대화라도 한번 해보고 죽어야겠다는 생각이 들었다고 했다. 그 순간 내가 떠 올랐다는 말을 듣자 나는 당혹스러웠다. 완전한 타인이 이승과의 이별식을 왜 나와 나누려고 하는 것인가?
　그녀의 남편은 퇴직금으로 사업을 하다가 몽땅 잃었다. 무기력해진 남편은 술에 의지하는 백수가 되었다. 그때부터 그녀가 식당, 청소 일을 하며 가족의 생계를 책임졌다. 나이가 많아서인지 열심히 일해도 생활은 나아질 기미가 보이지 않았고 몸도 아프고 정신까지 피폐해져 갔다.

그녀가 죽으려고 한 건 앞날의 희망적 근거를 기대할 수 없어서다. 더 나아질 게 없는 암담한 미래가 절망스러워 삶의 의지를 잃었다. 하지만 이승을 떠나기 전에 누군가와 얘기해보고 싶다는 건 삶의 미련인 것이다. 그걸 알지만 내게 경제적으로 도와줄 여력도 없고 내 말 몇 마디로 생각을 돌이킬 수 있을까? 싶은 생각이 들자 부담이 밀려왔다. 그렇다고 죽겠다는 사람을 보고만 있을 수는 없는 노릇이다.

나는 그녀에게 넌지시 제안했다.

"나에게 열흘만 함께하는 시간을 좀 내주세요. 누가 기다리는 것도 아닌데 열흘 후에 죽어도 늦을 건 없잖아요. 그때까지 아무런 변화가 없으면 안 말릴게요."

이튿날부터 그녀와 나는 새벽이슬을 밟으며 새벽기도를 다녔다. 혼자 가기보다 도움받을 사람의 자세가 중요해 동행하자고 했다. 평소 주일만 예배드리고 새벽기도를 다니지 않았지만 내가 할 수 있는 일이 신에게 부탁해보는 방법밖에 없었다. 그녀는 종교가 없었지만 내게 마지막 호의를 베풀 듯이 순순히 따라나섰다.

예배가 끝난 후, 새벽공기를 마시며 동네 뒤 갈대밭 사이에 난 오솔길을 걸었다. 미리 텀블러에 준비해 간 따스한 커피를 홀짝이며 서로 살아온 얘기를 주고받았다.

9일째 되는 날까지도 그녀의 삶에는 아무런 변화가 일어나지 않았다. 마지막 날이었다. 초조한 마음으로 갈대숲 길을 걷는데 그녀가 말했다.

"앞으로 시간 있을 때 이 길을 함께 걸어줄 수 있나요?"
"그럼요."

그 후 그녀는 열심히 일했고 가끔 갈대숲 길을 함께 걸었다. 하지만 더는 아픔, 슬픈 속삭임이 아니라 깔깔대는 웃음소리에 새들이 푸드득 날아올랐다.

〈보이지 않는 세계〉

인생이 산산조각이 난 것처럼 절망감을 느낄 때는 혼자 너무 깊이 생각하면 빠져나오기 힘들다. 자살 충동이 일어날 때는 외부의 도움을 요청해 보는 것도 하나의 방법이다. 그 순간을 넘기면 생각이 바뀔 수도 있다.

사두개인이었던 갸롯 유다는 부자 부모 밑에서 금수저로 자랐다. 그러나 사두개인의 적인 유대인 세례요한을 따르다가 세례요한이 죽자 예수님의 제자가 되었다. 그는 목적 달성의 의지가 강한 자였다. 정치이념도 굳건하고 극렬한 자였으며, 제자들의 서기를 맡을 만큼 계산도 빨랐다. 예수님의 제자가 된 목적도 예수님의 특별한 능력의 힘을 빌려 세속적인 권위를 꿈꾸었다. 그러나 제자가 되어보니 사랑, 온유, 용서의 가치를 외칠 뿐 세속적으로 얻는 효과가 없었다. 실망이 커지자 결국에는 은 삼십 냥(오늘날 가치 600만 원)에 예수님을 죽이려고 하는 자들에게 팔았다.

갸롯 유다는 예수님 재판에 증인으로 입회했다. 그곳에서 예수님이 사람들에게 멸시, 모욕, 채찍질을 당하며 피 흘리는 처참한 모습을 보았다. 순간 자기혐오를 느꼈다. 스승에 대한 미안함, 죄책감이 들어 곧바로 예수님을 팔고 받은 은화를 돌려주려고 대제사장에게 갔다. 그러나 일축됐다. 갸롯 유다는 성소에 은을 던지고 나와 목을 맸다.

사람은 누구나 실수, 잘못도 하며 절망감에 빠지기도 한다. 베드로도 예수님이 잡혔을 때 자기에게 피해가 올까 봐 예수님 존재 자체를 부인하고 비난하며 첫닭이 울기까지 배신을 세 번이나 했었다. 그러나 "첫닭이 울기까지 너는 세 번이나 나를 부인하리라"라는 말을 떠올리며, 눈물 흘리며 예수님께 용서를 빌었다. 그 후 베드로는 교회의 중심적 지도자가 되었고, 갸롯 유다는 자살함으로써 인류의 극혐오자, 인생의 실패자로 낙인이 찍혔다.

자기는 죽음이 끝이라고 생각하고 자살한다. 하지만 죽어보니 여전히 살아있다는 걸 알게 될지도 모른다.

직장과 교회의 편싸움

⟨보이는 세계⟩

직장에 입사해 얼마 안 되었을 때다. 나보다 직급이 높은 그녀가 친절하게 다가왔다. 낯설고 서먹한 곳에서 누군가의 호의는 반갑다. 그러나 얼마 후에 그녀가 나에게 접근한 이유를 알았다. 그 직장은 보이지 않는 편싸움을 하고 있었다.

호불호는 민주주의다. 생각이 비슷한 사람끼리 모이는 건 자연스럽다. 하지만 서로 자기들만 옳다고 주장하면 적이 생기게 마련이다.

서로 대치된 상황에서 내가 어느 편에 설 것인지는 내 선택이어야 한다. 전체적 흐름이 파악되었을 때 힘을 보태고 싶은 쪽이 있을 수 있다. 그러나 아무것도 모르는 상태에서 한 사람의 말만 듣고 결정하면 후회할 수 있다.

핑계를 대며 그녀를 피했다. 내 속내를 눈치채고 직위를 이용해 갑질을 하기 시작했다. 부당한 지시, 뒷담화, 사장님 앞에서 일에 대한 지적질로 나를 졸지에 무능력한 직원으로 만들었다.

작정하고 괴롭히는 상사를 얼마나 견딜 수 있을까. 입맛도 떨어지고 잠도 제대로 자지 못했다. 하지만 나갈 땐 나가더라도 그녀가 휘두르는 파리채에 나가떨어지는 파리 꼴이 되기는 싫었다. 패배감으로 자존감이 떨어지면 앞으로 사회생활이 어려워서다.

유유상종은 과학이다. 그녀가 속한 그 무리도 그 나물에 그 밥일 거 같아 내 결정에 후회가 없었다. 직급을 이용해 야비하고 치사하게 사람을 갈구는 혐오스러움, 내 편이 안 되면 눈앞에서 치워버리겠다는 돼먹잖은 이기심, 인간성이 상실된 신념이 무슨 가치가 있겠는가. 사람을 얻고 싶으면 신뢰를 쌓는 게 먼저다.

사표를 각오하면 무서울 게 없다. 그녀에게만 더는 친절, 미소, 예의는 사라졌다. 군더더기 없는 사무적인 말투, 무표정, 끝맺는 말에는 군대의 '다' '까'를 썼다. 내 말에 비아냥대면 사장님 앞이어도 그녀가 먼저 눈길을 피할 때까지 아이컨택을 했다.

남의 나무 밑동 자르려고 도끼를 든 못돼먹은 그녀에게는 마음이 얼음이어도, 내 일에 대한 집중도를 더 높였다. 일의 성과가 높아져 윗사람에게 신임을 얻자 비로소 그녀의 행동이 수그러졌다.

〈보이지 않는 세계〉

지역을 넘나드는 이사로 여러 교회를 다니면서 교회도 편싸움이 있다는 걸 알았다. 담임 목사님, 부목사님, 장로님이 중심이 되기도 하고, 성도들 끼리끼리 모여 편 가르기를 했다.

정서, 생각이 비슷한 사람끼리 어울리는 건 영적 성장에 도움을 줄 수 있다. 서로가 멘토가 되어주면 교회 생활이 즐겁고 봉사로 연결되기도 한다.

새로 온 교인도 교회 분위기를 빠르게 파악할 수 있다. 중심에서 헌신하는 몇 사람의 말, 행동을 보면 짐작된다. 분열이 있는 교회는 부모가 싸우는 걸 보는 자녀처럼 안정감을 못 느낀다.

교회의 편싸움은 사회보다 더 심각하다. 보이지 않는 하나님을 두고 서로가 옳다고 주장하기 때문이다. 사람의 판단으로 정의가 쉽지 않은 것이다. 하지만 이쪽도 저쪽도 부족한 인간이다. 오직 주님만이 옳은 것을 누가 옳다는 것인가?

교회는 한 꼭짓점을 향해 화합하며 함께 올라가는 곳이다. 손을 잡고 가지는 않아도 존중하면서 웃으며 동행할 수는 없는 것일까? 끼리끼리 뭉쳐 싸우면 어쩌자는 것일까? 하나님을 위해서인가? 교회를 위해서인가? 하나님을 자기 입맛에 맞게 각색해서 하나님의 이름으로 상대를 두들겨 패는 건 아닌지.

진리의 수호라는 위대한 명분이 있겠지만 제삼자 눈으로 보면 양보, 배려. 이해심 결핍으로 보인다. 자기주장만 하면 감정싸움으로 번져 진실이 덮여 해결이 어렵다. 나는 못마땅해도 하나님이 받아주고 있는 사람을 걸고넘어지는 모양새가 흡사 직장상사처럼 내 편이 안 되면 눈앞에서 치워버리겠다는 모습처럼 보여 씁쓸했다.

멘탈 강화법

〈보이는 세계〉

　마음이 약하면 좋은 사람 열 명 만나는 것보다 나쁜 사람 한 명을 안 만나야 한다. 그 한 명이 정서를 파괴하고 삶의 질을 떨어뜨린다. 사람 보는 안목이 필요하다.
　약한 사람은 사회생활과 사람이 두려울 때가 있다. 사회도 약자를 지켜주고 보호해 주지 않지만, 사람도 배려보다 함부로 하기 때문이다. 어느 상황에서든 유연하게 대처하려면 능력을 키워야 한다.
　독서는 1층에서 보는 것과 탑층에서 보이는 게 다른 것처럼 삶과 사람을 보는 시야가 달라지게 한다. 1층에서는 앞만 보이지만, 탑층은 멀리, 사방을 볼 수 있듯이 상대의 생각, 내면을 읽어낼 수 있게 한다.
　무조건 책을 읽는다고 되는 건 아니다. 장르 상관없이 골고루 읽어야 한다. 좋아하는 음식 하나만 계속 먹으면 건강할 수 없는 것처럼 흥미로만 읽으면 독서량이 많아도 효과적이지 않다. 책을 의인화시켜 서로 토론, 대화를 나누듯 공감, 동의, 맞장구도 치지만 반론도 제기하며 자기 의견을 주석처럼 달아보는 것이다. 구체적으로 인식되어 사고력의 깊이, 넓이가 달라진다.

상황을 알아차리는 능력, 사람의 내면을 읽을 줄 알면 어떤 사람을 만나든 느긋하다. 대응력에 자신감이 있고 자기 생각을 소신껏 말할 수 있기 때문이다. 자기 의사 표현만 분명하게 잘해도 외부에서 조심한다.

약하면서 아무런 노력도 안 하고 가만히 있으면 변화가 오지 않는다. 누구를 이기려고 내공이 필요한 게 아니라 자신은 소중하고 사랑의 존재이기에 지킬 수 있어야 한다.

만물의 영장인 사람이 공통으로 두려워하는 대상이 있다. 뱀이다. 뱀은 남을 해치기 위해 독을 지닌 게 아니다. 세상의 가장 밑바닥을 기면서 살아남기 위해 자신을 보호하는 장치다.

〈보이지 않는 세계〉

남편은 직장에 다니고 혼자 베이커리(bakery)점을 운영했다. 밤늦게까지 혼자 있으면 손님이 무서울 때가 있다. 빵을 고르는 척하며 계산도 안 하고 자기 가방에 슬쩍 넣는 사람이 있다. 내 것을 훔치는 걸 빤히 보면서도 두려워 내색하지 못했다. 거스름돈 주려고 금고문을 여는 순간 돈을 빼내 도망가는 사람도 있었다. 순간, 발이 땅에 붙고 다리가 후들거려 쫓아가지도 못했다.

여러 번 겪으면서도 할 수 있는 게 기도밖에 없었다. 위험한 사람은 우리 가게에 들어오지 않게 해달라고 했다. 그러나 사람을 가리며 장사를 하겠다는 건 한심한 것 같았다. 기도 응답의 법칙은 감나무 밑에서 입만 벌리고 누워 감이 떨어지기를 기다리는 게 아니다. 나무에 오르든지 긴 막대를 휘둘러야 한다.

호랑이도 작은 토끼를 잡을 때 포복하며 신경을 집중한다. 하물며 약한 사람은 주인 앞에서도 도둑질하는 간이 크고, 센 자를 상대하려면 어떻게 해야 하는가? 전력투구해야 한다.

검도 도장에 입회했다. 매일 죽도를 휘두르며 제자리 뛰기가 기본이었다. 시간이 흘러 하루에 몇백 번씩 뛰게 됐다. 어느새 팔, 다리 근육이 탄탄해지고 몸이 가벼워졌다. 손에 힘이 생겨 잡히는 게 무엇이든 무기가 되고, 치타처럼 빠르게 달리기도 할 수 있을 것 같아 도둑을 상대할 수 있을 것 같았다. 하지만 주님은 도둑과 정면충돌을 피하게 하셨다.

가게 내부 진열 구도를 싹 바꿨다. 내가 어디에 서 있든 손님의 손동작이 보이도록 거울 인테리어를 했고, 거스름돈은 주머니에 준비해 두고 금고를 없앴다. 가게 안에 들어온 쥐를 쫓으려고, 운동을 했지만 애초에 들어오지 못하도록 구멍을 막으라고 하신 것이다. 하지만 운동이 헛된 건 아니었다. 무술적 운동은 누구를 해치려는 게 아니다. 자신을 보호하며 육체, 정서를 건강하게 유지 시킨다. 독서를 통한 논리성과 무술적 운동이 조합되면 이미 심리적으로 우위에 놓여 느긋하다.

미스테리(mystery)

〈보이는 세계〉

울타리 없는 전원주택에 살았다.

어느 날 옷 갈아입고 외출하려는데 누군가 현관문을 두들겼다. 문을 열었더니 처음 보는 할머니가 서 계셨다.

"지금 너무 배가 고픈데 찬밥이어도 좋으니 좀 줄 수 있겠수?"

거절하지 못했다. 굽은 허리에 은비녀를 꽂은 쪽 머리에서 머리카락 몇 가닥이 얼굴에 흘러내려 몹시 지쳐 보였기 때문이다.

식탁에 밥을 차려 드리자 할머니는 내게 물었다.

"내가 줄 것은 없고 기도는 해줄 수 있는데, 해줘도 되우?"

"네."

할머니는 기도를 시작했다. 그런데 기도를 들으면서 온몸에 전율이 일어났다. 지치고 힘없는 노인의 목소리가 아니었다. 카랑카랑하고 조리 있게 언어를 구사하며 내용에 힘이 실려 있었다.

"주님, 이 어린 양을 세계로 뻗어나가는 인물이 되게 해주시옵소서."

시골 아낙네인 나에게 가당치도 않은 일을 몇 번이나 강조했다. 하지만 글을 쓰고 있었기에 가당치도 않다고 생각하면서도 내심 기분이 좋았다.

할머니에게 집이 어디냐고 물었다. 우리 집에서 고개 하나 넘으면 되는 뒷마을에 사신다고 했다. 운동하면서 지나친 적이 있는 마을이었다. 하루는 지인에게 할머니 얘기를 했더니 찾아가 보자고 했다. 지인과 함께 봉지에 귤을 담아 집을 나섰다. 그러나 할머니는 그 마을에 살지도 않았고 아는 사람도 없었다.

몇 달 후 책을 출간했다. 하루는 지인이 미국 LA에 거주하는 딸 집에 다녀와서는 내게 말했다.

"딸이 LA 기독교 서점에서 자기 책 샀어."

〈보이지 않는 세계〉

10년 된 친구에게 배신을 당했다. 좋아하고 믿었던 만큼 상처가 컸다. 밥도 못 먹고 이틀 밤낮을 침대에 엎드려 울었다. 슬픔이 깊어 헤어나지 못했어도 주일에 몸을 일으켜 교회에 갔다.

얼굴이 퉁퉁 부어서 사람 마주치는 게 싫어 본당 중앙에 있는 큰 기둥 뒤에 가서 앉았다. 그런데 얼굴이 부은 것처럼 귓속도 부어 성가가 울리는 것일까? 찬양대의 합창이 천상의 소리처럼 신비롭게 들려 온몸에 전율이 일어났다. 그뿐이 아니었다. 목사님 설교 말씀을 듣다가 나도 모르게 벌떡 일어났다.

목사님이 친구에게 배신당해 3일 동안 밥도 못 먹고 잠도 못 자고 침대에 엎드려 울었다고 했다. 이틀 동안의 내 상황을 본 듯이 그대로 말했고, 목사님이 3일째 되는 날 하나님의 음성이 들려 왔다고 하는 대목에서 나도 모르게 벌떡 일어난 것이다. 그 교회는 몇만 명이 출석하는 교회였기에 주님이 나를 콕 집어 일으켜 세운 것처럼 일어선 채 두 귀를 쫑긋하고 다음 말을 들었다.

"너는 지금까지 나와 약속을 하고 지키지 않은 게 한두 번이 아니었다. 나에게는 그렇게 했으면서, 너는 친구가 한 번 배신했다고 그렇게 슬프게 울고 있는 게냐. 이제는 그만 슬퍼하거라. 앞으로 내가 좋은 친구들을 많이 붙여줄 테니."

주님은 나를 다 지켜보고 계시는 것 같았다. 이 작은 자의 슬픔도 그냥 지나치지 않고 목사님을 통해 위로해 주셔서 감격이 밀려왔다. 교회 올 때는 발걸음이 천근만근이었는데 집으로 돌아가는 발걸음은 구름 위를 걷는 듯 가벼웠다.

그 후 주님의 말씀은 삶에 그대로 나타났다. 다소 예민하고 무뚝뚝한 성격임에도 좋은 사람들을 만났고 항상 수십 년 된 친구 여러 명이 옆에 있었다.

비판력도 재능이다

〈보이는 세계〉

어디서든 예스맨을 좋아한다. 비판, 비협조, 말꼬리 잡고 늘어지면 싫어한다. 피곤해서 싫고 부정적으로 보이기도 한다. 하지만 비판력 없는 순응은 자율성도 떨어지고 노예가 될 우려가 있다. 남의 실수를 끄집어내서 트집 잡아 정죄하는 건 잘못된 것이지만 비판력을 잘 활용하면 자신도 지킬 수 있고 타인도 도울 수 있다.

비판력은 재능이다. 이치에 맞게 추론하며 사물의 옳고 그름을 파악하는 능력이다. 통찰력, 논리력, 분석력이 없으면 비판력도 생기지 않는다. 분별력이 없으면 분위기에 묻어가 잘못된 일에 날개를 달아 줄 수 있다. 잘못된 일이 확산하는 데 힘을 보태 주는 것이다.

통찰력 있는 사람이 말의 작용을 모르지 않는다. 이미지가 부정적으로 나빠질 수 있다는 불리함을 알고 있다. 그러나 잘난척하려는 게 아니라 아는 만큼, 보는 만큼, 안타깝고 인간적인 연민이 있어

외친다. 나도 좋고 너도 좋고 우리가 좋아지고 싶어서다.

사람도 애정이 없으면 어떻게 되든 말든지 신경 쓰지 않고 사회를 향한 애정도 없으면 침묵한다.

〈보이지 않는 세계〉

남이스라엘에 사는 아모스는 배우지도 못했고, 집안 배경도 내세울 것이 없는 신분이 낮은 목동이었다. 하나님은 사회적 힘이 없는 아모스를 북이스라엘로 가서 비판하라고 파송했다.

그 당시 북이스라엘은 경제적으로는 부국이었지만 종교지도자들이 타락했고, 우상숭배, 음란, 가난한 자의 머리를 발로 짓이기는 짓도 서슴지 않는 약육강식이었다.

아모스는 그들을 향해 나아가 호되게 비판하며 회개를 촉구했다. 그러나 기득권층은 하찮은 사람의 말을 들을 리가 없었다. 업신여기며 무시했다.

왜 하나님은 빈약한 아모스를 보냈을까?

명성 날리는 고위층 사람을 보냈더라면 훨씬 효과적이었을 텐데 말이다. 인간은 살아남기 위해 권위에 복종하기 때문이다. 뒤에서는 타박하면서도 앞에서는 지당하다는 듯 간사하게 고개를 끄덕이는 사람들도 있다.

하지만 아모스는 자신을 무시하고 짓누르려고 해도 끄덕하지 않았다. 그는 광야에서 가축 업자이며 농부였다. 맹수가 가축을 공격하면 괭이를 들고 맞짱 뜬 사람이다. 배짱, 용맹, 담대한 사람이었다. 무서울 게 없는 강인함뿐만이 아니라 자연에서 하나님의 섬세한 섭리를 깨달은 깊은 영성가였다.

자연에는 하나님의 신성이 깃들어 있다. 우연히 생겼다고 하기에는 만물의 조화, 질서, 생명에 대한 교훈의 오묘함은 너무 위대하다. 아모스는 자연의 이치를 통해 신성을 읽을 줄 알았고 통찰력도 우수했다. 상대의 의도를 읽어내는 능력이 있었기에 비판도 할 수 있었다.

하나님은 아모스를 잘 알고 그곳으로 보내셨다. 사회적 약자를 보내신 이유는 힘에 의한 복종이 아니라 순종을 원하셨기 때문이다. 듣고 깨달아서 회개하며 스스로 돌이키기를 원하셨다.

아모스는 자신이 신분이 낮은 목동이었기에 강자에게 짓밟히는 사회적 약자의 심정을 누구보다 잘 알고 있었다. 그들을 구해내고 싶은 열망이 가득해서 외쳤다.

정의를 물같이, 공의를 마르지 않는 강같이 흐르게 하라 (암5:24).

중보기도와 암 치료

〈보이는 세계〉

　실현 가능성이 거의 없다고 여겼던 일이 이루어지는 걸 기적이라고 한다. 기적은 꼭 종교적 의미만은 아니다. 종교가 없는 사람에게도 기적은 일어난다.

　책을 출간했다. 지인 세 사람이 부탁하지도 않았는데 먼저 몇백 권도 팔아줄 테니 가져오라고 했다. 홍보를 위해 좋은 기회라고 생각했다.
　세 명 가운데 한 사람은 장사하는 사람이었다. 위탁 판매를 해주겠다고 한 것이다. 책이 출간되자 장사하는 그녀는 책을 가져갔다. 그리고 자신이 말했던 대로 판매 달인처럼 며칠 사이에 다 팔았다.
　몇 달이 지난 어느 날이었다. 그녀는 전화로 심각하게 말했다. 유방암 진단을 받았으며 절망일 만큼 위험한 상태라고 했다. 그녀는 내게 부탁했다. 살고 싶으니 내가 믿는 하나님에게 기도를 좀 해달라고 했다. 나는 그날부터 우리 집 기도방에서 시간을 정해 하루 세 번 무릎을 꿇었다.

책을 팔아줘서만은 아니다. 50대라는 젊은 나이가 안타까웠고, 구원받지 못한 상태여서 천국에서 다시 만난다는 소망이 없어 영원한 이별인 게 아쉬웠고, 인간적으로 무척 매력 있는 사람이어서 아까웠다. 그녀는 평소 성실하며, 긍정적이고, 작은 것에도 감사해하며, 한 달 전에 약속하고 중간에 확인하지 않아도 그날, 그 시간, 그 자리에 나와 있었다. 어떤 일이든 자신이 한 말에는 반드시 책임을 졌다. 책판매도 자신이 말했던 수량을 한순간에 팔 수 있었던 건 사람들의 신뢰감이었다.

중보기도를 한 지 몇 개월이 지났다. 기적이 일어났다. 의사를 놀라워했다. 그녀는 '완치' 판정을 받았다.

〈보이지 않는 세계〉

중보기도의 참뜻은 '이웃을 위한 기도'다. 하지만 시간을 정해 하루 세 번 타인을 위한 중보기도는 쉽지 않다. 새벽 시간을 지키기 위해 중간에 잠을 깨도 다시 잠들지 못한다. 정한 그 시간에 깨지 못할 것 같아서다. 낮에는 식사 중에도, 일할 때도, 친구와 수다를 떨다가도 그 시간이 되면 멈추고 화장실에 가서라도 기도해야 한다.

일반 기도는 매일 먹는 밥상에 숟가락 하나 더 얹는 거지만 작정 기도는 정성스럽게 새로운 음식을 만들어 다시 차려내는 것과 같다. 정성, 시간, 에너지, 수고가 따른다.

사람들은 응답받았을 때 반응이 다양하다. 교회 나가자고 권하지 않아도 스스로 걸어 나와 신앙 생활하는 사람도 있고, 화장실 들어갈 때와 나왔을 때 마음이 다른 사람도 있다. 해결되면 교회 나갈 것처럼 말해 놓고 안 나가기도 하고, 기도 안 해도 될 일은 되는 거라며 운명론을 들이대며 고마워하지도 않는다. 하지만 중보기도자는 어떤 반응에도 서운하지 않다.

선지자 엘리사도 나아만 장군의 문둥병을 고쳐주자 장군이 후한 선물을 주었지만 받지 않았다. 기도를 시키신 분도 하나님이고 응답도 그분의 능력이라며 오직 하나님만 높였다(열하5:16).

중보기도자는 뗏목일 뿐이다. 강을 건너지 못해 좌절하는 사람을 건네주라고 하나님이 맡긴 역할에 충실한 것이다. 기도 응답은 하나님의 영광을 드러내는 일이고, 거저 받은 은혜를 경험하는 것이며, 생명 구원의 의미가 있다.

기적의 응답을 받은 사람은 주님의 은총을 경험한 것이다. 기도를 들어주는 대상이 누구인지 알게 됐고, 하나님의 전지전능함을 경험했다. 그런 사람은 또다시 어려운 일이 생기면 남의 수고를 빌리지 않아도 된다. 하나님께 직접 구하면 구할 것이고 찾으면 찾을 수 있다. 신과 의미 있는 관계가 성립된 것이다.

인생의 밑바닥

〈보이는 세계〉

 남편이 눈을 심하게 다쳐 병원에 오래 입원했다. 양쪽 눈에 안대를 하고 있어 24시간 간호가 필요해 직장을 그만둬야 했다. 병원비는 집 전세 보증금을 뺐다. 퇴원할 때는 빚도 있고, 월세도 밀리고, 양식도 없었다.
 남편과 통원치료를 하러 가면 집에 들어가기가 싫었다. 월세 미룬 게 미안해 집주인과 마주치기 싫어 해운대 바닷가 모래사장에 자려고 가곤 했다. 여름의 밤바다는 젊은이들의 축제, 오케스트라 연주로 낭만과 활기가 넘쳤다. 그러나 나는 개도 안정감을 느낀다는 멘델스존의 <spring song> 오케스트라 연주가 들려와도 우울했다. 출구 없는 동굴에 아픈 남편과 갇힌 것 같아서다.

 터널은 길거나 짧을 수는 있어도 입구가 있고 출구도 있다. 동굴은 입구는 있어도 출구가 없다. 왔던 길을 되돌아 나가야 한다. 발이 부르트도록 걸어도 제자리로 돌아온다는 뜻이다.

   깜깜한 동굴을 나오기까지 몇 년이 걸렸다. 빚도 갚고 남편의 건강도 회복되었다. 그러나 투잡으로 고달프게 밤낮을 일했어도 경제적인 건 빈손이었다. 흡사 전쟁터에서 살아남았지만, 폐허가 된 황무지에 놓여있는 거 같았다. 그러나 허망함보다 덤덤했다. 예전과 달라져 있는 게 있었기 때문이다. 의존심, 열등감이 사라졌다. 스스로 자신의 부족함은 인정해도 타인과 비교해서 견주는 열등감이 없어졌고, 문제를 극복하며 나아가다 보니 독립심이 생겼다. 타인과의 비교는 자기학대여서 무의미하고, 어떤 처지든 열심히 일하면 살아진다는 걸 알아서다.

   훗날 집도 사고 내가 글을 쓰면서부터 경제 활동을 하지 않았다. 나는 내가 좋아하는 일을 하며 자유롭게 구름 위를 걷고 남편은 땅에서 힘들게 돈을 벌었다. 사회생활이란 몸도 고달프고 인간관계도 힘들다. 나를 먹여주고 입혀주는 게 어찌 당연한 일이겠는가. 남편의 힘든 수고에 존경이 우러났다. 인생의 가장 밑바닥에 놓였던 그 순간으로 인해 작은 것에도 감사할 줄 알고 견고한 정신력도 생겼다.

〈보이지 않는 세계〉

전쟁터에서는 포탄이 날아들면 살아남기 위해 사력을 다해 뛰어야 한다. 인생의 밑바닥에서도 마찬가지다. 그곳에서 벗어나려면 자신이 알고 있는 지식, 경험, 체력, 모든 걸 최고로 발휘해야 한다. 모든 걸 동원해 최선을 다해 살아본 사람은 자기 능력의 한계를 짐작할 수 있다.

전쟁터에 나가는 병사에게 군복, 식량, 총 없이 내보내지 않는 것처럼 하나님은 이 세상에 우리를 내보낼 때 어떤 상황에서든 살아내는 능력을 장착시켜 보내셨다.

전쟁이 일어나면 사령관은 전체를 진두지휘하는 능력이 필요하고, 장교는 훈련 시킨 병사들을 적절히 배치하는 판단력이 있어야 한다. 그러나 병사는 자기 눈앞에 있는 적만 죽이면 된다.

이 세상에서 자신의 포지션이 무엇인지 어느 정도 짐작하면 에너지 낭비를 하지 않는다. 누구나 최고의 사령관이 되고 싶겠지만 인생은 아무리 노력해도 안 되는 게 있다. 하지만 영적 세계에서는 병사라고 할지라도 괜찮다. 사령관과 존재의 의미와 가치가 같기 때문이다. 자기에게 맡긴 일만 잘하면 성공이고 믿음의 완성인 것이다.

사령관은 전체를 이끌어야 하는 위치여서 자신만 챙기며 살 수가 없다. 하지만 병사는 자기 앞에 적만 죽이면 되듯이 자기 삶만 성실해도 된다. 자기만이라도 잘 살아내는 게 공동체의 성과에 협력하는 것이고 주변의 질서와 평안을 유지 시키는 일이다.

형제가 무엇을 안 준다고 서운한 적이 있는가?

밑 빠진 독에 물 붓기를 해야 하는 가족이 있어본 사람은 그런 생각을 하지 않는다. 십 원 한 장 안 줘도 괜찮다. 자기만이라도 성실하게 잘사는 게 얼마나 중요한 일이고, 가족을 안심시키는 것이며, 감사한 일이라는 걸 알기 때문이다. 제 인생 하나도 제대로 살지 못해 가족을 신경 쓰이게 하고 도와주어야만 한다면 힘들다.

빛이란 작아도 빛난다. 작은 반딧불이가 사람의 정서를 고양하고 꿈꾸게 하듯, 주님의 섭리를 깨달으면 많은 것을 담기 위해 그릇을 키우려고 안달복달하지 않는다. 작아도 무엇을 담을 것인지를 생각하기에 설렘, 기쁨으로 성실하게 산다.

제2부

하나님은 천국에서 어떤 사람들과 살고 싶을까

소금은 소금 더미에서 녹지 않는다

〈보이는 세계〉

몸이 건강해지기 위해서 영양가 있는 좋은 음식을 먹어야 하듯 건강한 정서를 가지려면 좋은 사람을 만나야 한다.

춘천에서 베이커리점을 운영할 때다. 가게 앞 도로 건너에 수입 엔틱가구 판매점이 있었다. 그 가게 여주인은 모든 품목이 고가인 것처럼 외모는 귀티가 났고 지성미도 풍겼다. 그녀는 우리 가게에 빵을 사러 올 때도 항상 환한 얼굴로 먼저 인사하며 들어와 맑은 기운을 퍼트렸다.

그녀의 인상이 좋았음에도 한동안 짤막한 말만 주고받고 길에서 만나면 서로 목례만 했다. 어느 날 그녀의 가게로 케이크 배달을 갔다. 차 한잔하고 가라고 해서 테이블에 앉아 처음으로 긴 대화를 나눴다. 그 후 속마음도 얘기할 만큼 친해졌다.

그 가게에 드나드는 고객들 대부분은 생활 수준이 높은 사람들이었다. 그러나 화장지 팔러 오는 노인, 껌팔이 장애인도 들어왔다. 그녀는 항상 하나씩 팔아주었고 미소를 지으며 시원한 음료도 건넸다. 양쪽으로 이어져 있는 이웃 가게 주인들에게도 마찬가지였다. 늘 예의 바르고 친절했다.

항상 모두에게 잘한다는 건 사회적 처세가 아니라 온유한 인품인 것이다. 온유함이란 추상적이지만 그녀를 보면서 구체적으로 인식이 되었다. 화를 내지 않고 마냥 순한 게 온유함은 아니다. 옳은 의와 위엄은 있으되 항상 겸손하게 자신을 낮추고 약한 사람을 긍휼히 여기는 것에서 비롯된다는 것을.

그녀는 십 년이 지나도 변함없이 등경 위의 등불처럼 주변을 환하게 비추었다. 그 빛을 보며 내 마음의 서랍 속에 있는 등잔을 꺼내 사용해 보려고 먼지를 닦았다.

〈보이지 않는 세계〉

소금은 소금 더미에서는 녹지 않는다. 소금의 본질은 이타적이어서 다른 물질을 만나야 녹는다.

1세기 때 정치, 문화, 사회정서가 부패했을 때다. 예수님이 제자들에게 말했다. 너희는 빛과 소금이니 세상으로 나가 빛과 소금 역할을 하여라(마5:13). 제자들은 낙담했다. 배우지 못하고 가난해서 아무런 힘도 없는데 세상에 나가 무슨 일을 어떻게 하라는 것인가? 예수님은 제자들의 마음을 알고 일러주셨다.

복음적인 삶이란 조건과는 상관이 없다. 작은 반딧불이 정서적 꿈을 꾸게 하듯 선한 마음, 미소, 친절한 말 한마디에도 나비효과는 나타난다고 하셨다. 누군가 불친절하면 기분이 나빠 자신도 모르게 말이 곱게 나가지 않는 것이다. 수입가구점을 하는 그녀가 자기에게 유익한 고객에게만 미소 짓고 친절했다면 온유함, 좋은 이미지는 없었을 것이다. 친절은 당연한 게 아니다. 생명에 대한 존중심, 애정이 깃들어 있는 것이기에 고마운 것이다.

교회는 부패된 죄에서 거저 은혜를 받아 깨끗하게 구원된 사람들이 모인 곳이다. 빛이고 세상의 부패를 막을 수 있는 소금들이다. 교회에서 에너지를 받아 가족, 직장, 이웃, 세상으로 나아가 이타적인 영향을 미치는 게 소금 역할이다. 빛도 마찬가지다. 환한 대낮에 전등을 켜봤자 효과가 나타나지 않는다. 빛의 자녀들이 모여 있는 교회 안에서 누가 더 밝은지 발돋움하기보다 영성의 불빛이 꺼져 있는 세상으로 나가 점등해야 한다. 예수님도 교회가 목적이 아니라 세상을 향해 활동하셨다.

천사들을 만났다

⟨보이는 세계⟩

하얀 옷을 입고 등에 날개가 달려 저 하늘에 사는 천사가 아니라, 이 땅에 두 발 붙이고 사는 세 명의 사람 천사를 만났다. 하늘 천사들이 신에게 봉사하고 조건 없이 인간을 돕는 존재인 것처럼 사람 천사들도 그러했다.

세 명은 경제 능력, 사회적 위치는 다르다. 한 사람은 유학파이면서 여유 많은 사업가이고, 한 명은 주부이고, 한 명은 시장에서 장사한다. 처지, 환경은 다르지만 인정이 많고 사람을 대하는 인품이 비슷했다.

누구에게든 애정이 깃들어 있는 음성으로 항상 친절하게 말하고, 힘든 사람에게는 늘 지지와 칭찬을 아끼지 않았고, 타인에 대한 뒷담화하는 걸 들어본 적이 없고, 누군가 불쾌하게 말해도 감정을 드러내며 시시비비를 가리지 않았다. 운전하고 가다가 노인이 무거운 짐을 들고 가면 태워주는 것도 비슷했고 어려운 이웃에게 따스한 관심을 펼치는 것도 비슷했다.

사업가는 고기를 사 주고, 주부는 김치, 상인은 날이 저물 때 먼지 바람맞으며 노점상 하는 할머니의 물건이 많이 남아 있으면 몽땅 사서 나눔 푸드뱅크로 보냈다.

그들은 어디든 스며드는 물처럼 이웃과 유연하게 융화를 이루고 필요한 건 챙기며 기운을 북돋아 주었다. 물의 속성이 더러움을 씻는 정화작용을 하듯 우울해하던 사람도 그들을 만나면 환한 미소를 짓고 편안한 얼굴이 되었다.

사람 천사들 앞에 서면 나는 난쟁이가 되곤 했다. 입이 저절로 순해지고 행동이 다소곳해졌다. 빛이 비치는 곳에는 작은 먼지 입자도 보이듯 나의 부족함이 여실히 드러나서다.

〈보이지 않는 세계〉

하늘의 천사들은 하나님의 특사로 명령을 수행하며 각각 맡은 임무가 다르다. 미카엘은 탁월한 능력을 갖춘 전쟁의 천사다. 악마를 쫓아내고 인간을 수호한다. 가브리엘은 하나님의 계시를 인간에게 전달한다. 라파엘은 치유의 천사다, 스랍(seraph, 세 쌍의 날개를 가진 천상의 존재)은 하나님을 호위하는 천사며 고귀한 지엄성이 있다.

개별성으로 맡은 일은 다르지만 누구에게든 애정, 동정심이 넘치는 고유의 인격성은 비슷하다. 세 명의 사람 천사들도 환경과 직업이 다르지만 사람을 향한 인격성은 비슷했다.

믿음의 사람들은 천국의 소망을 갖고 살아간다. 그러나 가끔 저 사람이 가는 곳이 천국이라면 그곳에 가기 싫다는 생각이 들게 하는 사람이 있다. 이 땅에서 잠깐 보는 것도 힘든데 영원히 함께 살아가야 한다면 막막해지는 것이다. 반대로 세 명의 사람 천사들은 천국의 기대감을 상승하게 했다. 저런 사람들과 영원히 함께 산다면 대환영인 것이다. 하지만 한편으로 불안감이 차오르는 건 왜일까? 그들이 가는 곳에 내가 못 갈 것 같아서다. 하지만 사람 천사를 만났다는 건 기회일 것이다. 구원은 은혜로 받는 것이어서 부족해도 갈 수 있겠지만 노력하는 자세는 필요하다는 걸 일깨운다.

악의 조건이 많은 곳에 있거나 악인(惡人)과 만나면 악해지기 쉽다. 마찬가지로 선한 조건이 많은 곳에 있거나 선인(善人)을 만나면 선해지기 쉽다. 선함을 지향하는 사람을 만나면 그 생각과 언행에 감화되어 덩달아 자기 삶을 깊고 담대하게 사유하기에 자유의지가 좋은 쪽으로 작동한다.

인생이 가장 추울 때 만난 친구

〈보이는 세계〉

신뢰감이 느껴지고 소통이 잘 되는 친구를 만난다면 천운이다. 좋은 사람이 내 차지가 되는 게 쉽지 않기 때문이다.

40년과 30년 된 벗 두 사람이 있다. 벗이지만 가끔 존경심이 느껴진다. 두 사람은 처음 만났을 때부터 인격의 무게감이 느껴졌고 만나고 돌아서면 늘 따스한 여운이 감돌았다.

30년 지기인 벗은 두 살 많은 언니다. 그 언니를 처음 만났을 당시 나는 초라한 월세 집에 살았다. 항상 밖에서만 만났기에 언니는 내가 사는 형편을 잘 몰랐다. 어느 겨울날 언니는 뭘 줄 게 있다고 우리 집으로 온다고 했다. 나는 선뜻 오라고 하지 못했다.

언니는 50평대의 아파트에 살고 있었고, 남편이 교수여서 내가 사는 꼴을 보면 실망해서 친구 안 할 것 같아서다. 그러나 생각을 바꾸었다. 나의 모습 있는 그대로 받아들이지 못한다면 스치는 인 언으로 여기리라.

언니는 우리 집에 왔다. 거실이 따로 없어 따뜻한 방 아랫목에 깔린 이불 밑에 발 넣고 놀다가 갔다. 그 후에도 언니는 변함이 없었다.

직장 동료였던 한 친구는 어느 날 교사 발령을 받아 멀리 떠났었다. 3년 후 다시 만났을 때 친구는 생활이 안정되어 있었고, 나는 가난, 질병으로 주눅 들어 있었다. 그러나 친구는 예전의 다정함 그대로였다. 항상 예의를 갖추고 대접해주어서 자존감을 높여주었다.

두 사람은 공통적인 특징이 있었다. 나보다 좋은 조건이어도 으스대며 업신여기는 마음이 없었고, 자신이 바라는 모습을 나에게 투사하지 않았다. 있는 모습 그대로 받아들여 만나도 생각을 깊게 하지 않게 하고 고민, 갈등, 혼란을 주지 않았다. 공장 폐수도 받아들이는 바다의 속성처럼 그들은 나의 부족함을 조용히 포용해 주었다. 내게 받아들이기 힘든 일이 생기면 나의 최선을 생각해 주며 더 넓고 긍정적인 방향으로 이끌어 주었다.

두 친구는 인생이 가장 추울 때 만났다. 언제나 시린 몸을 녹여주는 따스한 난로 같았고, 몇십 년이 지난 지금도 만나고 돌아서면 늘 가슴이 따스하다.

〈보이지 않는 세계〉

사회에서는 좋은 사람이 좋은 사람을 만난다. 결이 맞지 않으면 친해지기가 어렵기 때문이다. 그 사람을 모르면 그 친구를 보라는 말은 일리가 있는 것이다. 그러나 하나님의 세계는 반전이 있다. 하나님은 부족한 사람에게 좋은 사람을 붙인다. 보고, 듣고, 배워서 영적으로 성장시키기 위해서다. 알지 못하는 건 할 수가 없어서다.

하나님은 어떤 사람들과 천국에서 함께 살고 싶으실까? 그런 생각을 할 때마다 몇십 년 관계를 이어오는 두 벗이 떠오른다. 신뢰감 때문이다. 내가 재벌이라면 멋지고 편안한 보금자리를 만들어 두 벗을 세상 근심, 걱정이 없는 지상의 낙원에서 살게 했을 것이다. 진심으로 행복하길 바라고 지켜주고 싶다.

수십 번 만나서 함께 밥을 먹는다고 신뢰감이 가는 게 아니다. 대부분은 사회적 처세인 비즈니스 관계일 수 있다. 신뢰감이란 전체적 이미지가 안도, 인격 인정, 유능성, 일관성이다.

두 벗은 몇십 년이란 긴 세월 동안 늘 한결같았다. 친절, 존중, 예의를 갖췄고, 나에게만 잘하는 게 아니었다. 가족, 친구, 동료, 만나는 사람들에게 선의적이다. 좋은 사람이란 나에게만 잘하는 사람이 아닌 것이다.

긴 세월이 지나도 변함이 없다는 건 명품의 신뢰감이다. 이 땅에서의 모습이 천국까지 이어질 것이기에 '인정'이다.

성경에는 613개의 계명이 있다. 그 가운데 하라는 건 248개이고, 하지 말라는 건 365개다. 사람은 일일이 다 지킬 수 없다. 하지만 '사랑' 한 가지만 있으면 전체를 관통한다. '사랑'은 하라는 건 애써서라도 하게 되고, 하지 말라는 건 내려놓게 된다. 무엇을 버려야 하고, 무엇을 해야 하는지를 알게 하려고 주님이 나에게 두 벗을 붙여 주셨다고 믿는다.

계산적이면 고독해진다

〈보이는 세계〉

누구나 손해 보는 거 싫어한다. 자기 유익이 있는 쪽으로 움직이기 마련이다. 아기도 기저귀 갈아주고 우유 먹이는 엄마의 이름을 가장 빨리 불러주고 경계 없이 웃어 준다. 누구나 돌려받을 게 없는 사람과 구태여 마음과 물질을 쏟으며 친분을 맺으려고 하지 않는 것이다.

실속을 추구하는 건 잘못된 게 아니다. 그러나 조건을 따져서 사람을 상대하면 내적 투쟁이 생긴다. 준 것만큼 돌려받지 못하면 실망과 서운함을 느끼고 없으면 결핍에 집중되어 불안하다.

계산적이라는 건 여러 가지가 내포되어 있다. 살기 위한 본능이기도 하지만 욕심, 욕망, 사람들에게 인정받고 싶은 욕구가 강하다. 채우고 싶어 무언가 돌려받을 수 있는 곳만 투자하려고 하는 것이다. 그러다 자기 뜻대로 안 되면 서운해서 싫어지거나 분노가 생기기도 한다. 계산적인 사람과는 항상 뒤끝이 찝찝하거나 안 좋게 끝나는 경우가 많다.

  계산적으로 살면 욕심이 채워질지는 몰라도 진실한 인연을 얻기는 어렵다. 옆에 사람이 많아도 허전함을 느낀다. 사람은 양보다 질인 것이다. 사람을 주머니보다 인격적으로 대하는 사람은 계산적인 사람을 금방 알아본다. 낚시꾼의 미끼가 투명 줄에 걸려있어 물고기는 덥석 물어도 사람 됨됨이를 먼저 보는 사람 눈에는 그 줄이 보이는 것이다. 자신이 상대의 욕구 대상이라는 걸 알기에 적당히 처세할 뿐 마음을 주지 않는다.

  본래 아름다운 관계는 나를 위해 무엇을 주기를 바라지도 않고 허세를 떨지도 않는다. 마음 가는 곳에 물질이 가듯 사람이 좋아지면 주머니는 저절로 열리기 마련이다.

〈보이지 않는 세계〉

  사람을 조건적으로 상대하면 기도 응답이 잘 이루어지지 않는다. 약삭빠르게 알아서 다 챙기며 사는데 주님이 나서서 무얼 도와주겠는가.

  하나님에게 주파수를 맞추고 사는 사람은 돌려받을 게 없는 사람에게 나누고 베푼다. 하나님이 더 큰 보상을 해줄 거라고 기대해서가 아니다. 주님의 뜻이며 세상을 순환시키는 일이다.

바르실래는 다윗이 압살롬에게서 아무것도 없이 맨발로 도망 다닐 때 식량을 공급해 주었다. 다윗이 다시 권력을 잡을 거라는 생각을 해서 베풀었던 게 아니다. 하지만 훗날 다윗이 권력을 다시 잡았을 때 바르실래에게 고마움을 표현하려고 했다. 그러나 바르실래는 거절했다. 하나님의 뜻에 따라 하나님의 나라가 임하기를 바라는 소망으로 했기에 받지 않았다.

작은 옹달샘은 나그네와 동물들에게 갈증을 해소해 준다. 그러나 아무도 고맙다고 물을 길어다 부어주지 않는다. 돌려주지 않아도 옹달샘은 잘 마르지 않는다.

하늘에 주파수를 맞추고 사는 사람은 타인에게 무엇을 줄 때는 준 데서 끝낸다. 자신이 가진 게 옹달샘처럼 작아도 부자 부모, 형제보다 아무것도 돌려줄 게 없는 가족에게 마음 써주며 챙기고, 인간관계에서도 돌려받을 게 없는 사람에게 더 나누고 베푼다.

앞마당에 틀면 물이 쏟아지는 수도를 가진 사람에게는 구태여 물을 주지 않아도 된다. 한 바가지의 물이 없어 갈증을 느끼는 사람에게 한 모금의 물이라도 건네는 일이 세상의 정서를 돕는 것이고 진리의 완성이다. 가난한 자 같으나 많은 사람을 부요하게 하고 아무것도 없는 자 같으나 모든 것을 가진 자로다(고후6:10).

돌려받을 게 없는 사람에게 베풀어도 필요한 건 다 채워진다. 삶의 원천(源泉)이 주님이기에 마르지 않는 것이다.

부모 봉양은 의무가 아니다

〈보이는 세계〉

오 남매에 막내인 남동생이 우리 집 실제적 장남 노릇을 한다. 집안의 대소사를 이끌어 가고 가족들을 골고루 챙긴다. 무슨 날만 되면 자연스레 형들이 동생을 중심으로 모여든다.

나보다 두 살 아래인 동생은 카리스마적인 리더형은 아니다. 어릴 때부터 얌전해서 별명이 샌님이었다. 그러나 막내 특유의 응석받이도 아니었고 부모님에게 떼쓰는 걸 본 적이 없다.

아버지는 얌전한 동생에게 남자다운 기상을 키워주기 위해 초등학생일 때부터 공수도를 가르쳤다. 그러나 고등학생이 되고 무술 유단자가 되어도 부드러운 말씨, 조용한 동작은 여전했다.

고등학교 졸업 선물로 아버지는 동생에게 자전거를 사 주셨다. 어느 날 자전거가 보이지 않아 내가 물었다.

"자전거 어떻게 했어?"

"불우이웃 돕기 했어. 자전거를 길에 세워 두었는데, 거지 할아버지가 끌고 가서 팔고 있길래 그냥 놔뒀어."

"왜?"

"그 돈으로 밥 사드시라고."

"야, 그건 도둑질을 방관하는 거야."

"주인이 알면서도 묵과해준 것이니 면제된 거지."

궤변처럼 들렸지만 불쌍한 사람에 대한 연민이 느껴져 더는 말하지 않았다.

동생은 훗날 사업을 하면서 별명이 슈퍼맨이 되었다. 가족들에게 무슨 일이 생기면 짜자잔~ 나타나 해결해 주었기 때문이다. 내리사랑은 순리다. 그러나 아랫사람이 윗사람을 애정으로 보살피는 건 남다른 능력이다. 미국의 영화 <슈퍼맨>이 인간 이상의 능력을 지구에 무상으로 베푸는 것처럼 동생은 홀로 계신 어머니와 어렵게 사는 오빠에게 기둥 같은 존재였다.

아랫사람의 아름다운 오지랖 때문에 다른 형제들은 열심히 살았다. 아랫사람에게 부끄럽지 않기 위해 탄력적인 긴장감으로 노력하게 해서 잘 살아냈다. 동생은 우리 가족에게 어두운 밤길을 걸을 때 길을 잃지 않도록 떠 있는 보름달 같았고 추울 때는 난로였다.

〈보이지 않는 세계〉

생태계에서는 부모 봉양, 형제 부양이 없다. 동물, 식물은 그런 걸 하지 않는다. 인간도 부모, 형제에게 잘하라는 건 권장 사항, 선행일 뿐 의무는 아니다. 의무라면 죄책감에 시달리는 사람이 무척 많을 것이다. 다만 훗날 후회하지 않을 자신이 있으면 자기만 챙기며 살아도 된다. 그러나 하나님의 패밀리(family)는 다르다. 하나님에게 사랑받는 존재이고 사랑할 줄 아는 존재다. 사랑을 받은 사람은 사랑하는 힘이 생겨 육적인 가족을 챙기게 되어있다. 하지만 서로 사랑하라고 했지 일방적으로 희생하라는 뜻은 아니다. 자신이 할 만큼은 노력해야 한다는 것이지 그 인생을 책임지라고 하시지는 않았다.

구원은 행위가 아니라 믿음으로 받는다. 그러나 어떻게 믿느냐는 중요하다.

동생은 부모에게 재산을 한 푼도 받지 않았다. 그러나 황무지를 낙원으로 개척했다. 성실해서 삶의 터를 안정되게 마련하고, 자식 셋을 유학 보내 사회의 든든한 일원으로 키웠으며, 부모와 형제를 챙겼다.

성경의 인물들 대부분도 황무지 같은 힘든 환경에서 부모와 형제를 챙기며 빛나는 미래의 역사를 만들어갔다. 예수님은 십자가에 매달려 피 흘리면서도 어머니가 걱정되어 요한에게 부탁했고, 요셉은 형제들이 노예로 팔아 온갖 고생을 했어도 그들이 어려울 때 도와주었다. 모세는 광야에서 친형과 누나가 백성들 편에 서서 원망을 퍼붓고 비난했다. 그럼에도 누나가 아프자 하나님께 무릎 꿇으며 누나를 살려달라고 간청했다.

아무리 못마땅한 가족이어도 하나님이 뜻이 있어 함께 묶어 놓았다. 가족이 힘들 때 외면하지 않고 돕는다는 건 하나님의 뜻에 동참하는 일이고 그 영혼을 지켜주는 일이다. 인간의 눈으로 보면 바보 같아도 하나님이 창조한 생명을 돕는 일이란 거룩한 순종이다.

제3부

좋은 생각으로 나쁜 상황을 이긴다

교회 생활의 원칙

〈보이는 세계〉

　마음이 나약하고 의지가 약할수록 나름의 원칙을 세워 두면 내면을 다스리는 데에 효과적이다. 갈등, 혼란이 거의 없다. 원칙을 절대화하지는 않아도 방향을 정해 놓으면 결정이 쉽고 후회하는 일이 적다.
　때로는 원칙과 상황 중에 무엇이 중요한가 싶을 때도 있다. 원칙에 매이면 실수, 후회는 적지만 자유가 없고, 상황의 흐름대로 움직이면 분위기에 휩쓸리고 자아실현이 어렵다.
　원칙을 지켜나간다는 건 열매를 맺는 것과 같다. 그러나 꽃이 활짝 폈다가 져야 열매가 맺히듯 조건이 따르기 때문에 쉽지 않다. 인내, 이해심, 유연한 사고가 필요하다.
　원칙을 지켜나가지 못한다는 건 꽃이 싱싱하게 활짝 피지 못하고 떨어지는 꽃잎과 같다. 꽃이 활짝 펴야 벌과 나비들이 꽃가루를

암술에 전하는데 떨어지면 열매를 못 맺는다. 꿋꿋하고 강한 의지가 있어야 지킬 수 있다.

〈보이지 않는 세계〉

교회 다니면서 한가지 원칙을 세운 게 있다. 교회 밖에서 내가 출석하는 교회 목사님과 성도들에 관해 '험담하지 않겠다'이다. 허물을 덮어주지 못하고 헤쳐서 쪼아먹게 하면 누워서 침 뱉기인 것이다. 내가 탄 배가 침몰하면 내 방에도 물이 들어온다.

특히 목사님은 영적 생활과 직접 연결되어 있다. 뒷담화하기 시작하면 무의식적으로 분위기에 휩쓸리기 쉽고 목사님이 부정적으로 인식되어 설교 말씀을 꼬아서 듣게 된다. 자연적으로 예배에 설렘이 없고 삶의 어려움이 생겨도 해결의 기회를 놓친다.

사업 관계로 지역을 넘나들며 이사를 여러 번 다녔다. 아는 사람이 하나도 없는 낯선 곳이어도 불안, 긴장감 없이 늘 덤덤했다. 어려운 일이 발생하고 질병이 생겨도 걱정할 필요가 없었기 때문이다. 목사님 설교 말씀 속에 문제의 해결 열쇠가 들어 있었고, 삶의 상처가 생기면 목사님을 통해 하나님이 즉시 파스나 밴드를 붙여주셔서 더 큰 아픔으로 커지지 않게 하셨다.

살가운 성격이 아니어서 목사님에게 가까이 다가가지 않아 목사님의 생각, 정서는 잘 모른다. 하지만 자식의 입에 들어갈 밥 세 끼 걱정하며 애쓰는 사람은 부모밖에 없듯이 목사님은 영적 양식을 먹여주시는 영적 부모다. 늘 공경심, 존중심, 감사한 마음이다.

목사님이 잘못 가고 있는데 무조건 받아들이고 순종하라는 건 아니다. 성도가 계속 가시로 찔러대는 데 참고만 있어야 한다는 것도 아니다. 때로 비판이 필요할 때가 있다. 다만 병든 비판에 주의하라는 뜻이다. 자칫 교만하고 우월감인 뒷담화일 수도 있다.

모두는 구원받은 대상이다. 주님이 사랑하며 끝까지 기회를 주고 있는데 내 판단, 평가가 무슨 의미가 있겠는가.

두려운 사람

〈보이는 세계〉

누군가 선을 넘으며 계속 함부로 하면 처음에는 불쾌하다가 나중에는 두렵다. 언제 또 들이받을지 모르는 고장 난 자동차 같아서다.

어쩌다 한두 번은 기분 문제지만 반복은 의도이고 얕본 것이다. 만만한 표적이 되는 사람은 대부분 순하고 착하다. 하지만 착한 건 나쁜 게 아니어서 고칠 필요는 없다. 그러나 자신이 빌미를 준 건 아닌지 살펴볼 필요는 있다. 내 문제를 가지고 장소만 옮겨봤자 또다시 같은 일을 겪는다.

석연치 않은 감정은 무시하는 게 아니다. 나를 해치는 사람인지 평온을 줄 자인지 분별은 중요하다. 미리 걸러내거나 피할 수 없으면 대처할 수 있어야 한다. 알면서도 당하고, 여지 주고, 끊어내지 못하면 정서가 파괴된다.

중요한 순간에는 자기 의견, 생각을 정확하게 말할 줄 알아야 한다. 잘난 척 자기주장을 내세우라는 게 아니라 소신 있게 말하는 솜씨다. 용기가 부족하면 거울 보고 연습하면 된다.

좋은 사람이 되려고 하지만 않으면 의사 표현이 어렵지 않다. 좋으면 좋은 줄 아는 사람에게 좋은 사람이 의미가 있다. 무례한 사람은 이해하려고 할 필요도 없고 나를 이해시키려고 하지 않아도 된다.

아무리 평판이 좋은 사람도 가까이 가보면 장단점이 있고 호불호로 나누어진다. 타인의 평가에 휘둘릴 필요가 없다는 뜻이다. 누군가 자신을 싫어해도 쿨하게 받아들일 줄 알고, 싫은 건 싫다고 말할 줄 알면 타인이 선을 넘어오지 않는다.

〈보이지 않는 세계〉

신앙 안에서 가장 무서운 사람은 주님의 옷자락 잡고 동행하는 사람이다. 그 사람은 세상을 사는 일, 사람에 대한 두려움이 없다. 아이가 아빠 손 잡고 길을 가는데 누군가 아이를 해코지하면 아빠가 보고만 있겠는가. 주님도 마찬가지라는 걸 알기 때문이다. 주님이 복수를 해주는 게 아니라 권위를 나타내고 공의를 위해서 개입하실 때가 있다.

자식이 잘못 가고 있으면 부모는 때로 회초리를 들기도 한다. 귀한 자식은 매로 키우라는 말이 있듯이 우리나라도 민법 915조에 자식에게 매를 허용했다. 그러나 인간은 감정을 실어서 때려 학대가 될 수 있어 2021년 1월 26일 날짜로 삭제되었다. 그러나 주님은 거룩한 속성을 지닌 완전한 분이다. '죄'는 미래를 기대하기 어렵기에 다윗도 타인을 해치고 잘못 살아가고 있을 때 혹독한 징계를 받았다. 성경에도 형제를 괴롭히면 가만히 두지 않는다고 경고하고 있다(옵1:10).

주님의 회초리는 미워서 때리는 게 아니라 애정이다. 번쩍하는 깨달음으로 잘못된 일은 돌이키고 바로 잡도록 일깨워 주기 위해서다. 형제를 괴롭히는데 아무런 일 없었다는 듯이 승승장구한다면 하나님이 사랑하는 자녀는 아니다. 남의 자식은 관여하지 않기 때문이다.

믿음이란 좁은 길이기에 그 길로 가는 사람은 많지 않다. 교인은 많아도 진정한 주님의 사람은 많지 않은 것이다. 그러나 누가 주님의 사람인지 겉으로 잘 모르기에 누구에게든 함부로 할 수가 없다. 자기를 괴롭힌 형제가 매 맞는 걸 여러 번 본 사람은 그 모습을 보며 고소해하거나 기뻐하지 않는다. 주님이 나만 사랑하는 게 아니라 너도 사랑해서 회초리를 든다는 걸 알기 때문이다.

미움이 생길 때

〈보이는 세계〉

인생의 원칙을 세웠다. '단 한 명도 미워하거나 적을 만들지 않겠다'이다. 인간관계의 달인이 되고 싶어서도 아니고 완벽하고 싶은 결벽증도 아니다. 마음이 편하지 않아 스트레스고 스스로를 아프게 하는 일이기 때문이다.

단 한 명도 적을 만들지 않겠다는 다짐을 엄청난 원칙처럼 절대화하는 건 아니다. 미움, 원망은 아무런 해결이 되지 않는다는 상황을 알아차려야 바른 방향으로 나갈 수가 있다.

원칙이 있으면 누군가 미운 짓을 해도 감정을 통제하는 힘이 있다. 그 한 사람 때문에 지금껏 지켜왔던 원칙을 무너뜨리지 않기 위해 마음을 양보하거나 감정을 다스리게 되는 것이다.

완벽하지 않아 무의식까지 통제하기는 어렵다. 가끔 못마땅한 짓을 하는 사람이 있으면 미운 마음이 불쑥 일어난다. 그러나 원칙을 상기하면 감정 단속을 빠르게 해서 가슴에 둥지를 틀지는 않는다.

미운 감정은 기대감이 원인이기도 하다. 은연중에 바라는 게 있어 실망, 서운함 때문이다. 지나가는 사람은 불쾌하게 해도 잠깐은 씩씩거리지만 금방 잊는 것처럼 바라는 게 없는 대상에게는 자아가 흔들릴 만큼 감정이 상하지는 않는다.

이 세상에는 나의 기대에 부응하려고 사는 사람은 아무도 없다. 미워하는 데 에너지를 빼앗기는 건 낭비다.

〈보이지 않는 세계〉

믿음의 사람은 마음의 주인이 자신이 아니라 하나님이다. 미운 사람을 보지 않고 하나님을 바라보며 묵상하기 때문에 감정을 다스릴 수 있다. 믿음이 없는 사람에게 미움이 생기면 앞으로 형제가 될지도 모르는 희망의 존재로 여기고 믿음의 사람끼리는 영적 형제인 것이다. 천국이라는 한 둥지 안에서 영원히 함께 살아가야 하는 사람들이다. 대원칙을 생각하면 미운 감정이 솟구쳐도 누르는 힘도 있고 용서도 조금 쉽다.

사람이 모인 곳에는 못마땅한 사람이 한 명쯤은 꼭 있다. 일일이 감정을 드러내자니 사회성 떨어지게 보일 것 같고, 참자니 미움이 생긴다. 그럴 때 서로를 위해 좋은 방법은 '칭찬'이다.

칭찬과 아부는 다르다. 칭찬은 어떤 대가를 바라지 않고 능력을 끌어올리며 응원해주는 것이고, 아부는 기분 좋게 해서 이익을 챙기려는 속셈이다. 하지만 너도 좋고 나도 좋은 쪽으로 나아가기 위한 칭찬은 지혜다. 친하게 지내고 싶어서도 아니고 이익을 챙기려는 것도 아니다. 한 공간에서 서로가 평안해야 할 시간을 망치게 할 수는 없기 때문이다.

사소한 것으로 미워하는 마음이 생길 때가 있다. 사실상 서로가 심리 기질의 특성이 달라서 어긋나는 것이지 누가 잘못됐거나 나빠서가 아니다. 어차피 사람은 다 좋을 수도 없고 맞을 수도 없다.

칭찬할 게 없는데 억지로 만들어서 할 수는 없지만 작고 소소한 건 눈여겨보면 누구에게나 있다. 화장, 피부, 옷, 별것 아닌 일에 '와우' 감탄사 한마디도 위력적이다. 칭찬을 받으면 조금 멋쩍기는 해도 기분이 좋아 마음이 순해진다. 칭찬이란 자체가 따스함이기에 가는 말이 고우면 오는 말도 부드럽다.

칭찬을 잘하다 보면 너도 좋지만 나는 더 유익이다. 좋은 것, 예쁜 것, 아름다움을 발견하는 눈이 밝아져 누구를 만나든 단점보다 장점을 먼저 보게 된다. 좋은 점을 먼저 보면 단점이 나타나도 유연하게 받아들이고 덮는다.

홀로는 결핍이 아니다

⟨보이는 세계⟩

인간 사막에 홀로 걸어가는 것처럼 외로움이 느껴질 때가 있다. 속이 답답해서 하소연하고 싶어도 들어줄 사람이 없고, 말이 하고 싶어도 불러낼 사람이 없다. 인생을 잘못 살아온 게 아닌가 싶고, 혼자 도태되어있는 건 아닌지 불안감이 엄습한다.

잘못 살아온 것이라기보다 인간은 본래 남의 일에 관심보다 우선적으로 자기 삶에 열중한다. 몇십 년 된 친구가 몇 명씩 있어도 막상 내가 필요한 순간에 아무도 바빠서 시간을 내주지 못할 때가 있다. 내가 필요한 그 순간에 필요가 되어주지 않으면 외롭기는 마찬가지다.

어느 상황에서든 행복해지려면 혼자서도 잘 지낼 수 있어야 한다. 어차피 사람이란 잠시 외로움을 덜어 줄 수는 있어도 세상을 지탱하게 해주는 존재는 못 된다. 여럿과도 잘 지낼 수 있고 고독을 벗으로 삼을 줄 알면 홀로여도 결핍감이 느껴지지 않는다. 그렇다고 친구가 무의미한 건 아니다. 친구란 꼭 있어야 할 게 없는 게 아니어서 결핍은 아니지만 친구를 통해 정서가 풍요로워진다.

외로우면 취미, 운동, 자기계발, 일에 집중하며 몸과 마음을 잘 컨트롤해서 자중자애로 이끌면 해소된다. 말, 행동을 신중하게 품위를 지키면 꽃에 나비가 날아들 듯 좋은 사람이 붙기도 한다. 그러나 시간도 잘 쓰고 상황을 다스리는 능력이 생기면 사람에게 큰 의미를 두지 않는다. 누구하고든 잘 어울릴 수 있어도 외부의 관심보다 자신에게 집중해서 사는 멋을 누리면 홀로여도 행복하기 때문이다.

〈보이지 않는 세계〉

외로울 때 친구가 꼭 사람이어야 되는 건 아니다. 외롭고 속이 답답할 때 한적한 공원길, 산길을 걸으며 주님과 대화해본 사람은 무슨 말인지 알 것이다. 혼자 말해도 어느새 외로움이 사라지고 고민거리의 답도 얻는다.

자연은 정식으로 무릎 꿇고 두 손 모으는 기도와는 다른 감성으로의 접근이다. 창공의 새, 초록색 사이에 피어있는 청초한 백작약 등 자연을 보며 주님의 섭리를 깨닫는 신선한 즐거움이 있다. 깨달음을 통해 상황에 갇히지 않고 자유로워지는 것이다.

새는 날다가 앉으려면 나무가 필요하고 백작약이 화려하게 빛나는 건 초록색 식물이 바탕에 있어서다. 믿음의 사람은 인맥이 없어도 괜찮다. 주님이 필요한 건 채워주는 경험을 많이 했기 때문이다. 그러나 사람은 다 필요 없고 주님만 있으면 되는 게 아니다. 자연도 함께여서 서로가 살 수 있듯이 관계를 통해 복이 들어오기도 하고, 어떤 관계를 통해 주님의 뜻과 계획이 이루어질지도 모른다. 사람을 향해서는 마음이 열려 있어야 한다. 내 사람을 만들려고 애착, 집착, 애쓰지 말라는 뜻이지 고립되라는 게 아니다.

주님과는 언제나 함께 있다는 걸 알고, 사람에게는 마음을 열어놓는 게 믿음이다. 주님은 우리를 홀로 버려두지 않기에 어디서든 부르면 돌아보시는 것이다(히13:5).이 세상에서는 주님의 눈을 벗어날 곳도 없고 숨을 곳도 없다. 시냇물 속의 달팽이처럼 물속에 잠기어서 숨을 쉬며 살이 오르듯 주님은 우리의 생명이며 동행자여서 혼자인 적이 없다.

왕따 경험과 영적 지혜

〈보이는 세계〉

사춘기 때 피아노를 배우고 싶어 버섯 고르는 아르바이트를 했다. 그곳에는 내 또래가 여러 명 있었다. 그 가운데 세 명이 같은 학교에 다녔고 늘 붙어 다녔다. 하루는 퇴근하는데 세 명이 내 앞을 가로막으며 덩치 큰 A가 말했다.

"너, 내일부터 매일 과자 한 봉지 우리에게 가져와."

"내가 왜 그래야 하는데?"

"어쭈~ 가져오라면 가져올 것이지!"

A는 팔을 허공에 치켜들며 때리려는 시늉을 했다. 덩치가 작은 나는 A의 거친 말과 여섯 개의 험악한 눈빛에 눌려 더는 찍소리도 못했다.

이튿날, 조금 겁은 났지만 그냥 출근했다. 그들은 당장 행동 개시를 했다. A는 두뇌였고 둘은 행동파였다. A의 눈짓 하나에 한 명이 내 옆을 지나가는 척하며 뒤에서 머리카락 휘감아 당기기, 화장실 볼일 보는데 문 활짝 열어 놓기, 옆을 지나가면 아무도 모르게 슬쩍 발을 걸어 넘어뜨렸다.

여태껏 나와 잘 놀던 애들도 내가 그들의 공격대상이 되자 아무도 가까이 다가오지 않았다. 겁먹고 반격하지 못하는 자신도 비참했지만 무리로부터 소외당하는 외로움이 더 씁쓸했다.

열흘 동안 매일 당하니 더는 못 버틸 것 같았다. 그들의 먹잇감이 되어주든지 도망치든지 해야 했다. 그러나 첫날 사장님이 아르바이트생들을 모아 놓고 말했었다. 한 달 채우지 않으면 월급을 안 주겠다고. 악에 굴복하는 것도 싫고, 돈 못 받는 것도 억울할 것 같았다.

그 당시 나는 책 읽기를 좋아했다. 세계문학, 동화, 만화 장르를 가리지 않았다. 문득 이솝우화에서 본 고사성어 궁서설묘(窮鼠齧猫)가 떠 올랐다. 쥐도 궁지에 몰리면 고양이만이 아니라 삶도 문다는 뜻이다. 체구가 작고 마음 약한 내 패를 읽고 공격한다면 반전의 센 패를 던져 볼 일이다. 밑져봐야 본전이다.

옆집에 태권도 유단자인 오빠에게 도복을 하루만 빌려 달라고 했다. 출근해서 그들이 보고 있을 때 책임자에게 가 도복을 높이 들며 큰 소리로 말했다.

"저 오늘 조퇴할게요. 승단 시험 보러 가야 하거든요."

"와아~ 너 태권 소녀였어?"

이튿날, A는 내게 다가와 속삭였다.

"우리에게 과자 안 가져와도 돼. 그런데 너 우리 모임에 들어오지 않을래?"

나는 거짓말한 게 들통나면 어쩌나 싶어 A에게 짧게 거절했다.

"싫은데."

그 후 그들의 괴롭힘은 멈췄고 내 자리에 사탕, 껌이 놓여 있었다. 거짓으로 남을 해치는 건 나쁘지만 악을 멈추게 한 일이어서 흐뭇해하며 맛있게 먹었다.

〈보이지 않는 세계〉

왕따로 소외감 느꼈던 경험은 신앙생활에 적용되었다.

교회에서 구역장 직분을 맡았다. 여섯 명이 매주 고정적으로 모였다. 그런데 성실했던 K가 어느 날부터 모임에도 자꾸만 빠지고 교회도 잘 나오지 않았다.

구역모임에는 외제 자동차를 타는 사람도 있었고, 넓은 평수 아파트에 사는 사람도 있었다. 반면에 K는 남편이 무직이었고 초라한 집 월세에 살았다. 각 가정으로 돌아가면서 예배를 드렸기에 생활 수준이 빤하게 드러났다. 그녀는 늘 어두운 표정으로 말없이 앉았다가 갔었다. 짚이는 게 있어 K를 개인적으로 만났다.

그녀는 헌금, 점심 식사 대접, 여러 가지 경조사의 부조금이 부담스럽다고 했다. 나는 K를 위해 물질과 관련된 모든 방식을 바꿨다. 쟁반에 놓던 헌금은 주머니를 돌렸고, 점심시간은 피해서 모였고,

경조사의 부조금은 n/1이 아니라 각자 형편껏 하라고 했고, 일체의 헌금, 부조금을 천 원짜리로 바꾸어 내라고 했다. 본래 각자 형편껏 하는 게 공평이다.

K에게 말했었다. 공동체에서는 십시일반의 정신은 중요하니 오백 원이든 천 원이든 괜찮으니 참여해야 한다고 했다. 그녀는 그 정도는 할 수 있다고 했다. 작아도 소속감이 생기게 하고, 공동체에 협조하는 것이며, 스스로도 당당할 수 있기에 권유했었다. 총금액은 항상 모두가 있는 자리에서 세었지만 누가 얼마를 냈는지는 하나님만 아셨다.

본래 가난한 사람은 부자를 맞출 수 없다. 하지만 부자는 가난한 사람을 맞춰줄 수 있다. 사람 숫자가 많으면 한 사람에게 맞추기 힘들지만 몇 명의 소모임이기에 가능했다. 약한 조건 때문에 한 영혼이 소외되어 실족한다면 리더만의 책임은 아니다. 형제를 품어주지 못한 책임은 모두에게 있다.

죽으면 그만이다

〈보이는 세계〉

 한 치 앞을 모르는 게 인생이다. 하지만 확실하게 아는 게 있다. 누구나 죽는다는 사실이다. 예외가 없기에 누구나 한 번쯤은 죽음에 대해 생각해봤을 것이다.
 죽으면 어떻게 될까? 완전히 끝나는 소멸일까? 아니면 다음 생에 환생 될까? 그것도 아니면 천국이나 지옥에 가는 것일까?
 소멸은 깔끔해서 개인적으로 환영이다. 하지만 석연치 않다. '죽으면 그만'이라는 종결은 악하고 나쁜 사람들에게 날개를 달아 주는 것 같아서다. 가족을 평생 힘들게 하고 사회 범죄자들의 공통적인 죽음관이 '죽으면 그만이다'이다. 죽으면 끝인데 구태여 참고, 배려, 양보하며 힘들게 살 이유가 어디 있겠는가. 제 편한 대로 살다가 죽으면 되는 것이다.
 그러나 지구라는 곳이 선하고 착한 사람들은 고통으로 신음하고, 나쁜 사람들은 활개 치며 살다가 죽는 곳일 리가 없다. 자연이라는 단어에는 수식어가 다양하게 붙는다. 아름다운 절경, 신비, 눈부신 감탄, 감동이다. 아름다운 우주 공간에 잔인, 비정, 슬픔, 고통, 폭력, 혐오적으로 살다 가려고 사람으로 태어날 리가 없는 것이다.

피할 수 없는 죽음이라는 게 있어 매 순간이 소중한 것이다. 너도 소중하고 나도 소중하다.

환생은 영혼이 떠돌다가 또다시 이 세상에 태어나는 것이다. 정착지가 없이 떠돈다는 것도 두렵고 불안하다.

소멸도 받아들이기 어렵고, 안정감 없이 떠돌다가 인생은 고해라고 하는 이 풍진 세상에 다시 태어난다는 것도 환영하기 어렵다.

〈보이지 않는 세계〉

기독교는 사후에 천국 아니면 지옥에 간다고 믿는다.

내가 교회에 다니는 이유는 천국에 가고 싶어서가 아니라 지옥에 가기 싫어서다. 천국은 시간 개념이 이 땅과는 다르게 찰나적으로 흘러갈 수도 있겠지만 듣기 좋은 꽃노래도 한두 번이듯이 영원히 산다면 왠지 지루할 것 같아서다.

믿음과는 상관없이 죽음이 끝이라는 단정은 그 누구도 할 수가 없다. 죽어보니 장소만 바뀌었을 뿐 계속 살아있을지 아무도 모를 일이기 때문이다.

신약성경은 260장이다. 그 속에 300번 정도가 주님이 다시 온다는 재림과 심판을 언급하고 있고, 지옥이란 단어는 총 54번이 나온다. '죽으면 그만이다'가 아니라 이 땅은 영원한 생명을 준비하는 기간이며 인간은 한시적으로 살려고 태어난 게 아니라는 뜻이다.

인간은 이 세상에 오는 목적이 있고 가는 목적지가 있는 존재다. 이 세상에서의 목적이란 창조주가 맡긴 소명을 실행하고 다시 창조주에게 돌아가는 것이다. 소명은 각자 달라도 궁극적으로 세상을 평화롭게 유지하도록 협조하는 것이고, 초라해도 가치 있다고 여겨 모두에게 에너지를 솟게 하고, 힘들게 하는 가족이 있어도 먼저 가족의 따뜻함이 무엇인지 느끼게 해주는 것이다.

'죽으면 그만이다'라는 멸절 마인드는 자기를 아끼는 마음도 없고 남도 아껴주지 않는다. 지옥을 믿으면 마음을 잘 살리고 노력하게 되고 천국이란 목적지에 대해서도 친근한 그리움이 생긴다.

싫은 사람 참아내기

〈보이는 세계〉

　마음이 약할수록 가는 사람 잡지 말고 오는 사람은 가려야 한다. 다가오는 사람을 무조건 받아들이고 마음을 열면 힘든 일을 겪을 수 있다. 악한 사람을 가까이하면 고통을 겪고 성격, 생각, 정서가 달라도 피곤하다. 참아주고 맞춰주고 받아주어야 하기 때문이다.
　호감 가는 대상이 있으면 탐색 기간이 필요하다. 좋아하는 걸 맞춰주기 위함이 아니라 서로가 싫어하는 짓을 하지 않기 위해서다. 싫어하는 짓을 일삼으면서 다가오면 단점이 눈덩이처럼 커 보이고 정이 들지 않는다.
　이 세상에는 나의 기대에 부응하며 사는 사람은 없다. 하지만 서로가 달라도 존중, 배려, 예의를 갖추면 좋은 인연이 될 수 있다. 내게 없는 게 상대에게 있으면 보완되기 때문이다. 그러나 악한 사람이 아니어도 자기중심적이고 예의 없이 선을 함부로 넘는 사람은 힘들다. 좋은 인연이란 증거는 편안하다.

이 땅의 생명들은 각자 사는 방식이 다르다. 돼지는 돼지의 방식이 있고 들꽃은 들꽃의 방식이 있는 것과 같다. 좋아한다고 자기중심적으로 들이대는 건 돼지가 들꽃이 좋다고 꺾어서 자기 방에 혼자 놓고 보려는 것과 같다. 돼지는 즐겁겠지만 들꽃은 시들어 간다.

만나고 돌아섰을 때 자꾸만 언짢은 기분이 든다면 거리를 띄우라는 사인이다. 상대는 변하지 않고 계속 반복된다. 사인은 무시하는 게 아니다.

〈보이지 않는 세계〉

교회 다닌다고 상대가 계속 싫은 짓을 하는데 무조건 참아야 하는 건 아니다. 포용할 수 있으면 상관없지만 싫은데 억지로 참으며 가까이 지낼 필요는 없다. 교인은 이상적 인격자가 아니다. 교인에 대해 이상적인 인간미를 기대하면 본인만 실망하고 상처받는다.

감정에 자극받아 영적 성장에 방해가 된다면 거리를 띄우거나 관계를 정리할 필요가 있다. 뜻이 같지 않은데 어찌 동행할 것이며(암3:3) 지혜로운 자와 동행은 지혜를 얻고, 미련한 자와 동행은 해를 입는다고 했다(잠13:20). 교회 다니며 예수님의 가르침을 중심에 놓고 살다 보면 신앙, 진리의 맑은 물에 자기상을 비춰보게 되어 포용력, 이해심, 참을성이 길러지기도 한다. 그러나 본인이 힘들고 은혜가 되지 않으면 상대를 욕할 필요는 없고 거리를 띄우면 된다. 성경 어디에도 붙어서 꼭 친하게 지내라는 말은 없다.

　가끔 주님의 뜻이 있어 힘든 사람을 만나 갈등, 깊은 고민, 괴로울 때가 있다. 농익은 열매를 맺으려면 한여름의 뜨거운 태양, 비, 태풍에 맞닥뜨리는 과정이 필요한 것과 같다. 하지만 만남의 고통의 본질이란 자신의 부족함, 필요한 걸 빠르게 깨달아 성장하는 것이지 힘들고 고통을 받는 게 목적이 아니다. 자식이 고통스럽게 살기를 바라는 부모는 세상에 없다.

금수저와 뻘수저

〈보이는 세계〉

　이 세상에는 금수저 인생도 있고, 진흙 같은 뻘수저 인생도 있다. 금수저는 부모가 금이야 옥이야 안고 키워 발에 흙도 묻지 않는 편안한 삶이고, 뻘수저는 진흙을 뒤집어쓴 갯지렁이 같다. 좋은 것도 볼 기회가 적고 좋은 집, 좋은 직장도 갖기 힘들다. 넓은 세상으로 나가려고 해도 발이 자꾸만 뻘에 빠져 앞으로 나아가기 힘들고, 딛고 올라갈 사다리도 없는 것이다.
　하지만 사람은 어떤 환경인지보다 어떻게 사는지가 중요하다. 환경이란 그릇일 뿐이다. 그 안에 무엇이 담겨 있느냐에 따라 가치와 의미가 다르다. 아무리 값비싼 그릇이어도 쓰레기를 담으면 휴지통이고 값싼 작은 항아리여도 보석을 담으면 보석함이다.
　잠재된 숙명에 자신을 가둘 필요는 없다. 부모가 떠먹여 주는 밥으로 배를 채우는 것보다 삶을 걸고 가족을 위해 먹이를 구하러 뛰는 사람이 훨씬 숭고하다. 성공은 주관적이어서 자기가 서 있는 곳에서 행복하면 나름 성공이다. 다복한 가정, 평범한 일상, 즐겁고 행복하면 성공일 수 있다.

아스팔트에 람보르기니 타고 신나게 달리는 인생도 멋지다. 거칠게 없는 우세한 환경, 인생을 놀이판쯤으로 생각하는 여유는 좋은 것이다. 그러나 돌멩이 박힌 흙길을 걸어도 행복하고 설레는 감흥에 젖을 수 있다. 숲길을 걸어 본 사람은 알 것이다. 꽃이 만개해 향기가 가득하고 초록빛 바탕에 피어있는 백작약은 땅에 뜨는 보름달 같아 탄성을 지르게 한다. 발은 좀 아파도 소소한 데에 행복할 줄 알면 환경이 초라해도 삶의 매력을 느낀다.

〈보이지 않는 세계〉

구약의 8,800개의 히브리 단어와 신약의 5,800개의 헬라어 단어 가운데 '평등'이란 단어는 없다. '공평'이 있을 뿐이다. 애초에 이 땅의 모든 생명은 주어진 조건이 평등하지 않다. 인간뿐만이 아니라 동물도 마찬가지다.

똑같은 개(犬)로 태어나도 사는 환경이 다르다. 주인의 애정을 듬뿍 받는 반려견, 마당에서 주인이 주는 밥을 먹으며 스스로 자라는 똥개, 들판에서 직접 먹이를 구해서 연명하는 들개가 있다. 환경이

다르지만 누가 더 좋다고 말할 수는 없다.

　반려견은 집 안에 있다가 밖에 나올 때는 목줄에 매여 끌려다닌다. 주인이 외출했다가 돌아오면 마중 나가 꼬리를 흔들어 줘야 한다. 똥개는 죽을 때까지 목줄 길이만큼만 움직일 수 있고, 한밤중에도 눈, 귀를 열어 도둑이 들어오지 못하도록 지켜야 한다. 주인이 밥을 먹여주는 대신 주인을 위해 충성을 해야 한다.

　반면 들개는 먹이를 구하지 못해 배고플 수는 있지만 자유롭다. 자유로움이란 바람의 방향이 정해져 있지 않듯 남에게 피해만 주지 않으면 어떤 모습이어도 괜찮다. 자신의 삶을 주체적으로 이끌며 자기 편한 대로 살면 된다.

　세상의 관점으로 보면 반려견 같은 삶보다 들개 같은 삶이 불행인 것 같아도 믿음의 관점으로는 축복일 수도 있다는 뜻이다. 공평이란 혜택받은 만큼 일하는 것이기 때문이다.

　사람은 하루 세 끼 잘 먹고 좋은 집에서 살려고 이 세상에 온 게 아니다. 해야 할 일이 있는 목적의 존재다. 주인에게 받은 만큼 일해야 한다. 받은 게 없으면 편하게 살면 되는 것이지, 불평불만 할 필요는 없는 것이다.

개똥밭에 구르는 이승

⟨보이는 세계⟩

　개똥밭에 굴러도 이승이 낫다는 말이 있다. 고생스럽더라도 조금만 더 힘내 보라는 응원의 말이다. 그러나 삐딱하게 들으면 지금도 개똥밭에 구르는 사람에게 이승이 더 낫다는 말은 위로가 아니라 절망이다. 이승에서도 똥 밭에 구르며 구린내 맡는 인생인데 저승에서는 더 힘든 고통이 기다리고 있다는 말이기 때문이다.

　하지만 이승이 기회라는 데에 초점을 맞추라는 의미일 것이다. 어차피 환경은 발버둥 쳐도 완전히 바꾸기란 어렵다. 인생에는 아무리 노력해도 안 되는 게 있기 때문이다. 그러나 물리적 환경은 변화가 쉽지 않아도 마음은 원하는 대로 이끌 수 있다.

　고통의 요소가 되는 것은 되도록 끌어안지 말아야 한다. 본래 멀리 갈 때는 가벼워야 한다. 가볍게 살겠다는 철학을 가지면 비우고 버리는 게 어렵지 않다. 들고 갈 자신이 없어서라기보다 필요하지 않아서 놓아버리는 것이다. 먹는 게 적으면 배설물도 적듯이 물질, 사람 욕심을 내지 말라는 뜻이다.

　인생의 똥 덩어리는 외부에서 투척하기보다 대부분 자신이 싸질러 놓고 본인이 구린내를 맡는다. 함께 갈 인연이 아니면 구태여 현미경으로 들여다보며 신경 쓰지 말고, 남의 떡이 커 보여도 비교하지 않으며, 내 손에 든 떡에 감사하며 배분을 잘해서 먹으면 이승이 똥 밭이 되지는 않는다.

〈보이지 않는 세계〉

　믿음의 사람은 이승도 감사하지만 저승은 더 좋다. 그래서 영적인 사람은 죽음 앞에서도 덤덤하고 두려워하지 않는다. 그렇다고 죽는 게 사는 것보다 더 낫다고 생각하는 건 성경적이지 않다. 어떤 상황도 담대히 대처한다는 뜻이다.

　천국(天國)의 한자는 하늘 천(天) 나라 국(國) 자다. 하늘의 나라라는 뜻이다. 믿음의 사람은 죽으면 하나님이 통치하는 평안의 나라 천국으로 간다. 하지만 그 나라로 들어가려면 조건이 있다. 이승에 똥 밭에 태어났다고 해도 노력해서 꽃밭으로 만들어야 한다. 꽃길을 걷다가 죽으면 향기가 나고 똥 밭에 살다가 죽으면 구린내가 나기 때문이다. 구린내를 풍기는 사람에게 천국의 문이 열리겠는가.

　하나님을 끝없이 용서하며 사랑하는 분으로만 여기면 천국 가기 힘들다. 행위가 아니라 믿음으로 구원되는 건 틀림없지만 어떻게 믿느냐는 중요하다. 하나님이 하지 말라는 걸 뻔히 알면서 무시하는 태도는 문제가 있는 것이다. 신앙생활은 쇠 담금질 철학을 닮아있다. 쇠를 불구덩이에 달구어 망치로 두들겨야 작품이 완성되듯 뾰족하고 모난 부분은 노력해서 다듬어야 한다.

천국의 소망이 없다면 신앙생활은 의미가 없다. 죽음이 끝이라면 똥밭이든 꽃밭이든 무슨 상관이겠는가. 자기 편한 대로 살다가 죽으면 그만이다.

이 땅에서도, 똥 덩어리 속에서 구린내 맡으며 살다가 죽어서도 지옥에 간다면, 차라리 똥 밭에 굴러도 이승이 낫다. 이 세상에서 불행하고 고달프게 살았으면 죽어서는 천국에 가야 한다.

제4부

규칙은 없다 원하는 대로

이웃 사랑은 어디까지인가

〈보이는 세계〉

도대체 타인의 어려움을 어느 정도까지 도와주어야 하는가. 자신도 가진 게 많지 않은데 '밑 빠진 독에 물 붓기' 해본 가족이 있거나, 주변에서 부담되는 부탁을 받아본 사람은 내적으로 갈등한 적이 있을 것이다.

사람은 누울 자리를 보고 다리를 뻗는다. 아무것도 없는 거지에게 무언가를 바라는 사람은 없다. 거지는 아니어서 외면하자니 마음에 걸리고 들어주자니 내키지 않는 것이다.

몸이 아파 일을 할 수가 없어 겨울에 군불이 없고 양식이 없으면 이유 불문하고 도와주어야 한다. 그 외에는 하기 싫으면 안 해도 된다. 바라는 건 그 사람의 마음이고, 안 해주는 건 내 마음이다. 자기 인생은 내가 중심이고 타인의 배려는 그 후다.

말 한마디로 천 냥 빚을 갚는다는 속담이 있다. 이 말은 혀 속에 사탕을 물고 있어야 한다는 뜻이지, 이쁜 말 한마디로 탕감해 준다는 뜻이 아니다. 천 냥의 빚은 천 냥으로 갚아야 한다. 그런 사람은 애초에 남의 도움을 염두에 두고 살지 않아 만약을 대비, 준비 정신이 있다.

〈보이지 않는 세계〉

　예루살렘에서 여리고까지 가는 길목에 한 사람이 쓰러져 있었다. 오고 가는 사람들이 보고도 못 본 척 외면했다. 그러나 여행하던 한 사람은 그냥 지나치지 않았다. 상처에 기름과 포도주를 붓고 싸매서 나귀에 태워 여관으로 데리고 갔다. 다음날 여행자는 여관 주인에게 돈을 주면서 환자를 잘 돌봐 달라고 부탁하고 떠났다.
　성경의 이 내용은 네 이웃을 사랑하는 사람이 누구인지, 어느 정도까지 도와주어야 하는지를 나타내고 있다.
　그 당시 예루살렘에서 여리고까지는 평지가 아니라 가파르고 암석이 많은 사막길이다. 거리는 35km지만 해발이 400에서 1,000m를 오르내려 축 처진 환자를 업고 걸어갈 수 있는 상황이 아니다. 다행히 여행자는 치료해줄 수 있는 물품이 있었고 나귀도 있었다. 그리고 여관 주인에게 환자를 돌봐달라고 대가를 치러줄 수 있는 돈도 있었다. 여행을 다닐 만큼 모든 것에 여유가 있는 사람이다.
　여행자는 환자 곁에 머물며 간호해 준 것도 아니고 자기의 일을 미루지도 않았고, 제 갈 길을 떠났다. 오늘날도 마찬가지다. 외진 길에서 누군가 쓰러져 있을 때 자동차도 없고 체력이 안 되면 업고 갈 수는 없다. 그러나 119에 신고하고 올 때까지 동물이 해치지 못하도록 지켜봐 줄 수는 있다. 병원까지 따라가서 간호해주고 돈을 빌려서라도 치료비를 대주어야 사랑인 게 아니라는 뜻이다. 작은 것이어도 남을 위해 무언가를 내어놓는다는 건 귀한 일인 것이다.

　이웃 사랑은 자신이 할 수 있는 만큼이다. 예수님도 자기에게 주어진 분량대로 하라고 하셨다(고전7:17).

속 썩이는 자식

〈보이는 세계〉

　사람 관계에서 가장 힘들게 하는 건 가족이다. 남은 힘들게 하면 안 보면 된다. 그러나 가족은 골육지친(骨肉之親)이라고 하듯 뼈, 살, 피를 나눈 사이여서 쉽게 끊어지는 성질이 아니다. 특히 부모와 자식 사이는 죽을 때까지 묶여있다. 자식은 부모가 평생 모은 재산 상속자이며 마지막 날의 장례의무자다.

　자식이란 가장 큰 기쁨, 행복을 주기도 하지만 살아서 지옥을 경험하게도 한다. 사춘기든 성인이든 애를 태우고 속을 썩일 때가 있다. 포인트도 없이 트집 잡고, 무논리로 우기며, 하극상으로 막말하고, 고집부리며, 속을 뒤집어 놓는다. 자식이 계속 들이받아도 부모는 속수무책이다. 참아야만 하는 부모는 자식이 형벌 같다는 생각이 들기도 한다.

　본래 자식은 부모의 교육, 훈육의 말이 귀에 잘 들어오지 않는다.

잔소리로 들려 마음의 거리만 멀어진다. 부모도 괴롭겠지만 자식도 자기 뜻대로 안 돼 자신감 없고 주눅 들어있다. 가뜩이나 우울한 자식에게 부모의 지적과 비난은 분노만 일으킨다. 차라리 속이 터져도 말없이 작은 선물을 주는 게 효과적이다. 애초에 부모는 자식의 부족함을 품어줘도 자식은 부모 마음을 헤아리며 품어주기 어렵다.

힘들게 하는 자식은 멀리 바라보면 절망한다. 태풍을 피할 수 없으면 몸을 낮춰야 하듯 기대는 내려놓고 감사 거리를 찾는 게 급선무다. 밥 잘 먹고, 걸어 다니고, 화장실 볼일 보고 물 내리는 것도 감사해야 한다. 체해서 병원 다니고, 똥 싸질러 놓고 뒤처리 안 하고, 걷지 못해 방 안에만 있다면 어찌할 것인가.

겉으로 볼 때는 희망의 불씨가 없는 잿더미처럼 보여도 누구나 속에 작은 불씨가 숨어있다. 그 불씨가 꺼지지 않도록 칭찬의 부채질이 필요한 것이지 윽박지르는 얼음물을 끼얹으면 불씨가 완전히 꺼질 우려가 있다. 당장은 앞이 캄캄하게 보여도 한 걸음씩 나아가다 보면, 반딧불도 만나고 보름달 뜨는 것도 보게 되며 마침내 해도 만난다.

〈보이지 않는 세계〉

가족이어도 참기 힘든 한계점에 다다르면 말, 행동, 분위기로 감정을 드러낸다. 부모와 자식 사이가 점점 나빠질 수밖에 없다. 그러나 가족이 아무리 넌덜머리 내는 사람이어도 교회는 조용히 품어준다.

집에서 새는 바가지는 밖에서도 샌다. 인간은 무의식까지 통제할 만큼 완벽하지 못해 부족함을 질질 흘리며 다닌다. 그러나 교회는 주님의 마음을 일깨우며 타이를 수는 있지만 감정적으로 비난하지는 않는다. 부족함을 덮어주는 건 흐르는 강물에 박혀 있는 돌과 같기 때문이다. 돌출되어 흐름을 방해한다고 해도 아무도 그 돌을 파내려고 곡괭이를 들지 않는다. 주님이 그런 권한을 그 누구에게도 주지 않았기 때문이다(마7:2~4).누구나 예수님을 믿는다고 빠르게 변하지 않는다. 그러나 집에서는 속을 썩이는 자식이어도 교회 흐름을 따라 흐르다 보면 어느 순간 깨닫는다. 자신의 부족함을 누군가 참아주었기에 조용히 흐를 수 있었음을 자각하고, 예수님이 인간을 향해 어떤 마음으로 희생했는지를 배우며 부모의 마음을 헤아린다. 그러나 힘들게 하는 자식이 있다면 상기해 볼 일이 있다. 될성부른 나무는 땅도 중요하다는 사실이다. 자식탓만 하기보다 부모도 잘못한 게 없는지 돌아볼 필요가 있다. 자신의 부족함을 자각하면 자식의 철이 없는 과정을 견뎌내는 힘이 생긴다.

자식은 부모의 몸을 빌려 이 세상에 태어나기는 했어도 하나님과 연결된 존재다. 부모도 하나님의 작품이며 세상에 보냄을 받은 사명자여서 훈련과정일 수 있다. 회개하며 주님의 뜻을 살펴봐야 하는 순간일지도 모른다.

개는 짖어도 기차는 달린다

〈보이는 세계〉

이 말은 조심해서 사용할 격언이지만 때로는 필요하다. 기분 나쁜 태클, 뒷담화, 일방적 평가는 무력한 개소리로 무시하며 나아갈 수 있기 때문이다. 개소리는 같이 짖을 필요가 없다. 일일이 반응하면 예민해지고, 부정적인 감정이 되고, 좋은 기운도 사라진다.

어차피 사람은 호불호로 나뉜다. 아무리 훌륭한 사람도 가까이 가보면 실망스러운 면이 있다. 누군가에게는 장점으로 보여도 누군가에게는 단점으로 보여 옳은 평가를 하는 게 아니기 때문이다. 똑같은 걸 봐도 느끼는 게 다르고 받아들이는 역량 차이도 있다. '장님과 코끼리'처럼 장님이 코끼리 등을 만지며 벽 같다고 말하고, 귀를 만진 장님은 나뭇잎 같다고 말하는 것과 같다.

기차는 달려야 목적지에 다다른다. 단면만을 보는 사람은 떠나가는 기차 뒷모습을 보고도 문짝 같다고 말하기 때문에 그러려니

하며 제 갈 길을 가야 한다.

〈보이지 않는 세계〉

교회는 사회보다 사람 관계가 더 힘들 수 있다. 신앙의 근거를 붙여가면서 자기 생각에 확고한 사람들이 많다. 자기 생각이 하나님 생각이라고 여기기에 양보가 없는 것이다. 분명 하나님은 한 분인데 흡사 여러분이 계시는 것 같다. 다르면 섞이기 어려워 분열, 다툼이 일어나고 상처도 받는다.

사회는 화나면 감정 표출하고 보기 싫으면 안 보면 그만이다. 그러나 교회는 소리 내어 다투기도 쉽지 않고 차갑게 등을 돌려도 편하지 않다. 주님의 말씀이 목에 가시처럼 걸려서 자유롭지 못하기 때문이다. 그러다 보니 싫은 사람과 마주칠 때마다 감정의 소용돌이가 일고 은혜도 떨어져 교회를 옮기고 싶다는 생각도 든다.

개인 사정으로 교회를 옮기는 건 괜찮다. 다양성을 통해 진리가 정립되어 믿음이 견고해질 수 있다. 그러나 교회 행정 불만, 목사님에 대한 불평, 사람에게 받은 상처 때문에 교회를 옮기면 신앙의 회의감에 빠지기 쉽다. 무엇보다 대한민국에는 갈 교회가 없다. 깜짝 놀라운 사실은 완벽한 교회도 없거니와 이곳에 있는 똑같은 사람이 그곳에도 있다.

성숙한 어른은 환경 탓하고, 부모, 형제를 원망하지 않는 것처럼 성숙한 신앙인도 타인 때문에 실족하지도 않고 혼란스러워하지도 않는다. 그 누구 때문에 내가 구원받는 것도 아니고, 교회 오는 것도 아니다. 교회는 함께 거룩한 예배를 드리려고 오는 곳이다. 본질을 상기하면 누구 때문에 갈등, 혼란, 상처는 무의미하다. 다 무시해도 된다는 게 아니라 어떤 일이든 적절하게 처세하며 유연하게 넘길 수 있다는 뜻이다.

힘들게 하는 사람을 포용할 자신이 없으면 자신의 부족한 역량을 인정하고 거리를 띄우고 기도해주면 된다. 주님이 다른 사람의 인생을 책임지라고 하시지 않았다. 자기 신앙관과 인생의 책임은 본인에게 있다.

개는 짖어도 기차는 달리는 것처럼 어떤 상황에서든 자기 신앙과 인생은 스스로 굳건히 지키며 나아갈 수 있어야 한다.

부탁

〈보이는 세계〉

 필요한 걸 다 가진 사람은 없다. 누구라도 스스로 할 수 없는 건 때로 남의 도움을 받아서 해결하며 살아가야 한다. 서로가 부족한 건 도우며 사는 게 미덕이다. 하지만 누군가 부탁을 해올 때 체면, 사람을 잃을까 봐 억지로 들어 주면 후회하기 쉽다.
 부탁이란 부작용이 따를 때가 있다. 타인을 의지해서 뭔가를 해결하려는 사람은 한번에서 끝나지 않는 경우가 많다. 어려움이 생기면 또 도움을 청한다. 안 도와주면 서운해하거나 결국 멀어져 간다.
 부탁받았을 때는 자신이 해줄 수 있는 만큼 해야 한다. 해줄 수 없으면 부드럽고 솔직하게 말해야 하고, 내가 누군가에게 거절을 당해도 쿨하게 받아들일 수 있어야 한다. 어차피 기분 좋은 거절이란 없다. 못 들어주는 나름의 사정이 있다. 상대의 우선순위에 내가 있지 않을 수도 있고, 나에게는 쉬워도 상대에게는 힘든 일일 수 있는 것이다.

부탁이란 대체로 너도 좋고 나도 좋은 게 아니라 한쪽만 좋은 것이다. 타인의 노동, 시간, 마음, 노력, 물질, 희생을 요구하는 일이다. 부탁 안 들어준다고 나쁜 사람도 아니고 잘못하는 것도 아니다.

상대의 기대를 채워주며 사는 사람은 이 세상에 없다. 서로 협력이 필요한 일도 있지만 남의 수고를 쓰지 않고 살려는 자세, 스스로 헤쳐나가는 의지, 능력을 키우는 게 먼저다.

〈보이지 않는 세계〉

의지도 약하고 확고한 철학도 없으면 종교가 도움이 된다.

하나님의 자녀는 도움이 필요하면 사람을 찾아가기보다 하나님 아버지에게 간다. 아버지에게 부탁하면 해결될 때가 많다. 돈이 필요하면 뜻하지 않는 곳에서 생기기도 하고, 사람이 필요하면 평소 잘 알지 못하는 사람이 나타나 돕는다. 일상의 기적을 경험한 사람은 사람을 의지하지 않는다.

모세는 죽을 때까지 손에 지팡이가 있었다. 홍해 바다를 가를 때 지팡이를 내밀었고, 광야에 물이 없을 때도 지팡이로 바위를 치면 물줄기가 솟았다. 지팡이에 신의 권능이 있는 게 아니다. 지팡이가 능력을 끌어내는 도구다.

하나님 아버지를 의지하며 기도하는 게 능력을 끌어내는 지팡이인 것이다. 하나님의 자녀는 평범한 일상에서 구태여 남의 힘을 빌리면서까지 무언가를 얻고, 채우고, 이루려고 하지 않는다. 소유가 없어도 빈자리에는 하나님으로 가득 차 있어 결핍감을 거의 느끼지 않기 때문이다. 있으면 있는 대로 없으면 없는 대로 자신의 형편에 맞추어 살아가면 된다.

부탁이란 대부분 몸을 위한 것들이다. 자족할 줄 모르는 욕심, 사람에게 인정받고 싶은 욕구, 편하고 싶어서다.

자기가 다 똑똑한 줄 안다

〈보이는 세계〉

사람은 누구나 자기가 똑똑한 줄 안다. 남들 눈에는 아무리 멍청해 보여도 스스로는 똑똑하다는 자부심이 다 있다. 그러나 착각의 자부심이 나쁜 게 아니다. 사람은 자신을 다 알지 못해서 살아갈 수가 있는 것이다. 모르는 게 약일 때도 있고 자신감을 높이기도 한다.

자신감이 없으면 주눅이 들어 판단력, 생각, 행동에 힘을 잃어 추진력이 없다. 내 생각만 옳고 남의 생각은 틀리다는 관점은 위험하지만 자기 생각에 가치를 스스로 챙기며 사는 건 나쁜 게 아니다.

가시덤불 길을 가본 사람은 누군가 그 길로 가려고 할 때 찔린다고 말해 준다. 그러나 믿지 못하는 듯 무시하고 가는 사람이 있다. 하지만 어리석다고 욕할 필요가 없다. 가시덤불 길로 가는 게 잘못된 것이라고 누구 단정할 수 있겠는가. 낫으로 베며 나아가면 된다.

수고가 따르겠지만 얻는 것도 있기 때문이다. 가시에 찔려서 아픔을 겪으므로 신중해져서 더 큰 화를 막을 수도 있고, 낫 들고 베다 보면 팔다리에 근육이 생겨 탄탄해지고, 다른 사람들이 편하게 다닐 수 있도록 이타적 행위가 될 수도 있다. 자기 판단을 믿고 나아가다가 고통을 당해도 깨닫는 게 있고 겸손해지기도 한다.

성격, 고집, 생각이 팔자를 만든다는 말이 있다. 그러나 어떤 팔자가 좋은 것인가는 주관적이다. 인생의 의미와 가치는 남이 아니라 스스로가 평가하는 것이다.

〈보이지 않는 세계〉

주님과 동행하는 자는 자기가 똑똑하다고 생각하지 않는다. 주님 앞에 서면 저절로 부족함이 느껴져서다. 세상 빛은 모두에게 비추지만 영광의 빛은 믿음의 사람에게만 비추기에 여실히 드러난다.

세상은 바보 같다고 하면 싫어하지만 믿음의 사람은 부족하다고 느낄수록 주님을 의지한다. 똑똑하다는 자부심으로 혼자 알아서 잘 살면 주님을 의지하는 힘이 약하다. 세상은 자기를 의지하고 살아야 하기에 똑똑해야 안심되고, 믿음의 사람은 신앙의 빛이 삶을 인도해주기에 좀 부족해도 괜찮다.

영적 생활의 온전함이란 똑똑한 머리로 무언가를 이루기보다 주님의 말씀을 삶에 실천하며 겸손한 게 만사형통이다. 겸손이란 자신이 보잘것없다고 낮추는 게 아니다. 사랑과 이해의 마음으로 상대를 높여주는 것이지 그 사람 밑에 내려앉는 게 아니다. 서로 존중하고 배려해 주면 서로가 평화롭다.

  똑똑한 척하며 옆을 무시하고 무너뜨리면 자신이 서 있는 자리도 위험한 게 믿음의 세계다. 상대도 마음이 진흙탕 되고 자신도 함께 빠진다. 믿음이란 사람 관계를 빼면 할 말이 없기 때문이다. 만남이 귀결되어 그 속에서 영적 삶은 완성되어 간다.

복수심

⟨보이는 세계⟩

엄마는 고운 모시 한복 같은 분이셨다. 얼굴도 희고 고왔지만 평생 마음의 단정함을 잃지 않으셨다. 경우에 벗어나는 말과 행동을 하지 않으셨고 뒤에서 누구 욕하는 들어본 기억이 없으며 늘 인자하셨다. 그러나 마음이 여린 분이셨다. 누군가에게 싫은 소리를 할 줄도 모르고, 상대가 경우 없이 해도 따지며 싸우는 모습을 본 적이 없었다.

나는 인내심 강하고 순한 엄마의 기질을 닮지 않은 듯했다. 대체로 감정에 솔직했다. 해서는 안 되는 말과 되는 말은 구분했지만 싫은 건 싫다고 말하고, 경우 없으면 논리적으로 따졌다.

청년이 되면서 엄마의 보드랍고 여린 심성이 좋은 것보다 안쓰러웠다. 엄마를 지켜드리고 싶었던 것일까, 밖에서 아무리 불쾌한 일이 있어도 집에까지 끌고 오지 않았다. 그런 날은 일부러 콧노래 부르며 집안 분위기를 밝게 했고, 흥미진진한 소설을 찾아 읽으며 마음을 다스렸다. 곱씹으며 기분 나쁜 감정에 골몰하면 신경이 예민해져 나도 모르게 엄마에게 짜증을 내기 때문이다.

그러나 엄마를 지켜드리려고 애쓴 만큼 누군가 엄마에게 함부로 하면 가만히 있지 못했다. 성별, 나이 불문이었다. 사과를 받아내려고 했고, 어리다고 무시하면 일부러 시비를 걸어서라도 거친 말을 퍼부으며 복수를 했다. 상대가 열받아 앓아누워도 미안해하지 않았다. 당신이 먼저 걸어온 싸움이라고 합리화했다.

평소에는 작고 약한 토끼지만 엄마에게 함부로 하는 사람이 있으면 자기보다 덩치 큰 사자도 공격하는 하이에나가 되곤 했다.

〈보이지 않는 세계〉

신앙생활이 자갈밭 걷는 것처럼 힘들었다. 의식 없이 사는 습관이 화석이 되어있었기 때문이다. 무엇이든 굳어버리면 좋다, 나쁘다 상관없이 편한 쪽으로 기울어지기 마련이다.

신앙생활이란 울퉁불퉁한 돌은 다듬어 아름다운 완성품으로 빚어가는 석수장이가 되어야 했다. 갈구는 사람이 있어도 참아야 하고, 복수하고 싶은 사람이 생기면 70번씩 7번을 용서하라고 했다. 인간적인 심정을 초월하는 것이 바로 믿음이다. 용서를 490번 하라는 말에서 490은 상징적 숫자다. 결국 복수는 꿈도 꾸지 말라는 것이다. 처음에 이 말을 들었을 때 '이런 젠장'이었다. 지킬 수 없을 것 같아서다.

　어느 날, 성경 한 구절이 가슴에 훅 들어와 떠나지를 않았다. 고의로 범하면 죄악이 자기에게로 돌아가서 온전히 끊긴다(민수기 15:30~31). 주님 앞에서 죄라는 걸 알면서 생명을 의도적으로 고통으로 몰아넣는 건 완악한 죄여서 용서의 여지가 없다는 뜻이리라.

　고의적인 복수는 성령님 모욕이며 자잘한 죄가 아니라 근본이다. 부모가 빤히 보고 있는데 그의 자식을 보라는 듯이 해치는 경악스러움이다. 믿음이 없을 때는 복수를 하든 싸우든 구원의 기회가 있다. 하나님이 보고 있다는 걸 모르고 저지르는 일이기 때문이다. 그러나 하나님 앞에서 죄라는 걸 빤히 알면서 생명을 의도적으로 고통으로 몰아넣는 건 하나님을 대놓고 무시하는 완악함인 것이다.

　사람은 누구나 실수하며 산다. 하지만 실수란 돌이킬 수 있을 때 하는 말이다. 시나리오까지 짜서 고의적으로 복수하는 건 실수가 아니기에 한 번이어도 용서의 여지를 두지 않는다는 뜻이리라.

　가끔 거슬리고 못마땅한 사람이 있으면 직설적으로 거친 돌직구를 던지려고 할 때가 있다. 하지만 어느새 참는 힘이 생겨 있었다.

　엄마를 지키고 싶으면 기도하면 된다. 누군가 엄마에게 함부로 하지 못하도록 주님이 방패막이가 되어주시고 지켜 달라고 부탁하는 것이다. 내가 복수하려는 그 사람도 하나님이 불쌍히 여기고 사랑하는 생명임을 공감해 드리면, 나의 심정도 하나님이 공감해서 개입해 주신다고 말씀하시는 것이다. 악을 이기려고 악인이 되면 그 믿음은 헛되다.

제5부

고독한 대면

가계에 흐르는 유전

〈보이는 세계〉

생명의 흐름은 개체로는 영속이 불가능하다. 세대를 이어가며 존재하기에 누구나 조상이 있다.

조상의 유전자는 후손으로 이어진다. 그 아버지에 그 아들이라는 속담이 있는 것처럼 부모의 좋은 면도 자식이 닮지만 나쁜 면도 닮는다. 폭력, 술, 바람, 자살, 이혼, 인격, 사기꾼 기질 등 자식에게 유전되는 것이다. 어릴 때부터 부모의 삶을 보고 들어서 학습되기도 하지만 타고난 본성이다. 자식을 보면 부모가 어떤지 짐작할 수 있고 부모를 보면 자식도 가늠된다. 돌연변이는 드물다.

살다 보면 누구나 좋은 일도 있고 나쁜 일도 생긴다. 그러나 가족 전체의 삶의 흐름에 우환이 많다면 유전적인 가계도를 들여다볼 필요가 있다. 바탕이 반듯하지 않으면 그 위에 무엇도 똑바로 놓이지 못하듯 종자가 나쁘면 튼실한 싹이 나오지 못하는 건 당연하다.

위에서 더러운 물이 흐르면 아래도 더러운 물이 흐르는 건 이치다. 부모가 더러운 물에 잠겨 보는 눈이 어두워 잘못된 선택으로 풍파가 많으면 자식의 삶도 비슷하다는 뜻이다. 하지만 팔자라고 여기며 서글퍼하기보다 내 인생이라도 망치지 말아야 한다는 자각이 필요하다.

유전의 물줄기의 흐름은 바꿀 수 있다. 의식적으로 정신을 바짝 차리고 나는 절대로 부모처럼 살지 않겠다는 다짐, 각오, 노력을 해야 한다. 노력해도 실수할 때가 있을 것이다. 그러나 산골짜기에서 한 방울씩 떨어지는 물이 고였다가 시냇물, 강, 바다로 흐르는 것처럼 의지를 잃지 않으면 어느 순간부터 깨끗한 물줄기의 원천이 된다. 적어도 자신과 자식의 삶은 달라진다.

〈보이지 않는 세계〉

성경에는 아비가 잘못한 죄를 자식이 벌을 받는 연좌제는 없다고 했다. 아비가 신 포도를 먹으면 아들이 이가 시리다고 하지 않고 범죄 하는 그 영혼만 죽는다(겔18:2~4).

그러나 연좌제와 유전은 다르다. 아버지가 죄를 지어도 자식이 대신 벌 받지는 않지만 유전은 자식에게 이어진다.

아브라함은 아리따운 아내 때문에 자신이 위험에 처할까 봐 누이라고 속였다. 그의 아들 이삭도 아버지와 비슷한 상황에 놓이자 똑같은 선택을 했고, 이삭의 아들 야곱도 마찬가지였다.

　야곱은 형에서의 장자권을 빼앗고 도망갔다. 20년이 지나 고향으로 돌아오는데 에서가 복수심으로 사백 명의 사람을 이끌고 야곱을 만나러 온다는 소식을 들었다. 야곱은 두려워 자기는 뒤로 빠지고 가족을 먼저 보냈다. 할아버지와 아버지처럼 비겁하게 가족을 사지로 몰아넣은 똑같은 선택을 한 것이다.

　영적 세계는 악한 영의 존재를 인정한다. 악한 영은 맑은 곳에는 잘 안 간다. 깨끗한 천에 까만점처럼 자신의 정체가 빨리 드러나서 더러운 곳을 더 좋아한다. 나쁜 유전자가 많은 사람에게 접근해 쉽게 나쁜 선택을 하도록 유도해 성공률을 높인다.

　악한 영을 대적하고 쫓아내는 건 내가 해야 한다. 하나님이 내 의지를 선택해 주지도 않고 하나님을 믿는다고 악한 영이 떠나주지도 않는다. 잘못 가고 있다는 걸 알아채고 하나님께 도움을 구해야 한다. 안 좋은 유전자가 있는 야곱이 얍복강에서 하나님의 사자를 만난 후 즉시 가족들에게 달려가 뒤로 세우고 앞장선 것처럼 주님이 나아갈 방향을 선택하도록 인도해주시기 때문이다.

인간관계에서 중요한 것

〈보이는 세계〉

좋은 인연이란 물리적으로 무언가를 꼭 주는 사람이 아니다. 밥, 커피 안 사줘도 되고 선물 안 줘도 된다. 분위기 좋은 카페가 아니라 공원 의자에 앉아 좋은 사람과 수다를 떨어 본 사람은 알 것이다. 목적 없는 수다여도 힐링 되고 즐겁다는 것을. 그러나 좋은 인연이 되려면 무엇을 안 줘도 되지만 지켜주어야 하는 게 있다. '약속'이다.

약속 한 가지에는 여러 가지가 내포되어 있다. 약속을 잘 지킨다는 건 자기를 귀하게 여기듯 타인을 귀하게 여기는 존중심이 있고, 타인에게 피해를 주지 않으려는 배려심, 역지사지의 공감력이 있다는 뜻이다. 약속을 잘 안 지킨다는 건 상대를 소홀히 여긴다는 뜻이고, 피해를 주고도 아랑곳하지 않는 것이고, 말에 책임감도 없고, 남의 귀한 시간을 빼앗고도 아무렇지 않은 것이다.

어쩌다 한두 번 약속을 못 지킬 수는 있다. 그러나 약속을 소홀히

하는 습관은 신용, 신뢰와 연결된다. 신뢰감은 관계의 뿌리다. 뿌리가 부실하면 꽃도 열매도 기대하기 힘들다. 그런 사람과는 만남의 의미도 없고 미래의 기대도 없다.

타인의 시선으로 자신 바라보기를 해서 습관을 바꾸어야 한다. 이 과정이 없으면 자신의 결점을 인식하기 어려워 고치지 못한다.

〈보이지 않는 세계〉

다른 지역에서 이사를 와 한 교회에 등록했다. 기본 구성인 구역 모임이 정해졌다. 구역장이 얼굴을 보기도 전에 사전 미팅을 제안했다. 그러나 만나기로 약속한 시간에 구역장은 전화, 문자도 없었고 나타나지도 않았다. 무슨 급한 일이 생긴 줄 알았다. 이튿날 구차한 변명을 듣는 순간 기분이 싸했다. 그러나 첫인상만으로 사람의 진면목을 파악한다는 건 위험하다. 처음에 호감이 가도 만날수록 정이 떨어지는 사람이 있고, 첫 이미지가 나빠도 볼수록 매력 있는 사람이 있기 때문이다.

다행히 구역장은 인정이 많은 사람이었고 세심하게 잘 챙겨 주어서 고마웠다. 그러나 첫날의 불안한 예감은 빗나가지 않았다.

비가 세차게 내리는 날이었다. 구역장에게 전달할 물건을 들고 길에 서 있기로 했다. 그러나 구역장은 약속 시간을 한참 지나서 왔다. 그날 저녁부터 오른쪽 팔이 저릿하고 묵직한 통증이 일었다. 물건이 비에 젖을까 싶어 큰 우산을 들었었고 무거워도 땅에 내려놓을 수가 없어서였다.

금방 괜찮아지겠지 했다. 그러나 몇 달을 병원에 다녀도 낫지 않았다. 일상생활도 불편했고 앞으로 글을 쓰지 못하는 건 아닌지 불안감이 밀려왔다. 그럼에도 구역장에게 당신 때문에 팔이 아프다고 말하지 않았고 탓하는 마음도 없었다. 이미 벌어진 일을 신경 쓰게 하기 싫었고, 몇 달이 지났기에 말할 타이밍을 놓치기도 했다. 그러나 구역장은 또 약속을 잘 안 지켰다. 더는 함께하는 시간, 주고받는 말도 헛되지만 그 입으로 가르치는 하나님의 말씀은 더욱 불편했다.

약속을 안 지킨다는 건 타인에게 피해가 전제되는 일이다. 믿음생활에서 팀원의 협조를 이끌어내야 하는 리더가 신뢰를 잃으면 모임의 의미, 가치는 상실된다.

사업하는 유대인이 있었다. 유대인은 몇 년씩 거래하는 사람들에게 밥 한 끼 사 주지 않았다. 그럼에도 거래하는 사람들은 그 유대인과 관계를 끊지 않았다. 유대인은 약속한 건 서류에 사인을 하지 않고 말로 한 것이어도 반드시 지켰기 때문이다.

약속이란 하나님에게만이 아니라 사람에게도 잘 지키는 게 주님의 정신이다.

노숙자와의 조우

〈보이는 세계〉

소도시에서 베이커리점을 운영했다. 출근길에 여자 노숙자가 다가왔다.

"배가 고파서 그러는데, 천 원만 주세요."

나는 가진 돈이 없어 그냥 왔다. 가게에 와서 갓구운 수북한 빵을 보니 노숙녀의 배고프다는 말이 떠올랐다. 몇 개 가져다주고 싶었지만 빵 포장일이 바빠 그만두었다.

하루는 근처 공원에 갔다. 공원 구석 다리 밑에 그 노숙녀가 있었다. 여자 노숙자 두 명과 함께였다. 노숙자 둘이 하나 남은 떡을 서로 먹겠다고 싸우고 있었다. 그녀는 물끄러미 둘을 보더니 자기 손에 들린 떡을 한 사람에게 주었다. 인상적이었다. 길바닥에서 겨우 목숨 연명하며 사는 처지에 타인의 배고픔을 헤아려주는 게 쉬운 일이었을까? 그녀는 노숙자 특유의 나태한 표정은 있었지만, 눈빛은 흐릿하지 않았다.

　며칠에 한 번씩 그녀들에게 빵과 우유를 갖다주기로 했다. 갈 때마다 그녀는 거의 보이지 않았다. 한 사람은 아픈지 늘 누워 있었고, 한 사람은 노인이었다.

　어느 날, 그녀가 약국에서 돈을 주고 약을 사는 걸 보았다. 나중에 알았다. 그녀는 다리 밑에서 자식들 먹여 살리는 가장 같은 존재였다. 구걸해서 양식을 구해 먹이고 누가 아프면 약을 샀다.

　처음에 그곳에 빵을 가져가도 그녀들은 고맙다는 말도 안 하고 눈도 마주치려고 하지 않았다. 빵을 놓고 돌아서면 빵 봉지를 뜯어 허겁지겁 먹기만 했다. 처음에는 조금 서운했다. 그러나 내게 있는 것을 나누는 데에 의미를 뒀기에 그녀들의 반응은 마음에 두지 않았다.

　몇 달이 지나면서 그녀들은 고맙다는 말을 했고 살포시 미소도 지었다. 어느 날부터는 말도 주고받게 되었다. 하루는 갔더니 찐 감자 두 개 놓고 한 사람 몰아주기 화투를 치고 있었다.

　"오늘 수확은 찐 감자 두 개예요?"

　그녀들은 멋쩍게 웃었다. 나는 어느새 노인 곁에 슬쩍 앉아 훈수를 두고 있었다.

〈보이지 않는 세계〉

　노숙자에게 가까이 가본 일은 지금껏 경험했던 것과는 질이 다른 새로움으로 다가왔다. 사람에 대한 차별, 배척, 편견, 따돌림의 선이 뭉개지는 듯했다. 타인의 삶에 대해 내 생각, 평가, 판단이 무슨 의미가 있겠는가. 세상살이가 마음대로 되지 않을 때도 있고, 내 선택과는 상관없이 운명적인 불행도 있으며, 나락으로 떨어져 힘을 잃고 올라오지 못할 수도 있어서다.

　그러나 이 땅의 생명은 어떤 처지에서든 제 인생의 주인으로 산다. 겉으로 보기에는 하찮음, 실패자로 보여도 자기가 선 자리에서 나름의 의식이 있다. 그녀처럼 자기보다 못한 사람을 조용히 돕고 사는 일이란 무가치함이 아니기 때문이다.

　사람을 상대하는 데 부함, 초라함, 높음, 낮음이 뭔 상관인가? 누군가에게 좋은 사람이 되어야 하는 것도 아니고, 친해지려고 애쓰지 않아도 되고, 모두와 잘 지내지 않아도 된다. 악하고, 해코지할 것 같은 사람을 분별하는 안목은 필요하지만 사람을 차별하는 건 주님의 평등의 마인드는 아니다.

　평등성은 열매와 관련이 있다. 성경에서 열매란 누룩, 겨자씨, 알곡의 비유다. 누룩은 빵을 맛있게 하듯 복음으로 주변에 혜택을 주는 것이고, 겨자씨는 나무, 꽃을 뜻하기에 생명 잉태로 크고 넓게 성장하는 것이다. 알곡은 먹어서 튼튼한 활기다. 열매의 본질은 어디서든 누구에게든 차별 없는 선한 영향력인 것이다.

동병상련

⟨보이는 세계⟩

갑자기 돈이 필요해 직장에서 가불했다. 돈 구멍을 메우기 위해 낮에는 어린이집 교사를 하며, 저녁에는 식당 아르바이트를 하기로 했다.

식당에 첫 출근 날이었다. 손님도 없는데 주방 아줌마가 소불고기 구이 준비를 해서 식탁에 차렸다. 면접 보러 왔을 때 주인이 식당 건물 5층이 자기 소유라며 은근히 재력을 과시했기에 부자는 종업원에게도 후하게 환영식을 해주는 줄 알았다. 그러나 기대감은 금방 와장창 깨졌다.

주인 내외와 아들이 들어오더니 그 식탁에 앉았다. 그리고 옆에 서 있는 내게 먹어보라는 말 한마디 없이 자기네들끼리만 접시에 코를 박고 먹었다. 순간 먹는 것으로 없는 사람 취급하는 그 정서가 놀라웠고 황당했다. 저녁을 못 먹고 출근해서 예민했던 것일까? 그들이 사람의 가슴은 없고 먹는 본능만 있는 돼지처럼 느껴졌다.

내 인상이 구겨지는 걸 본 주방 아줌마가 이리 오라고 손짓했다. 주방으로 들어갔더니 입에 계란말이를 넣어주며 작은 목소리로 말했다.

"나 혼자 있을 때는 내 신세가 서글프다고 생각했는데, 자기가 있으니 괜찮은 것 같아."

본래 안 좋은 일은 혼자 겪으면 불행처럼 느껴지지만 같은 처지에 있는 사람을 보면 위로가 된다. 그날 이후 내가 저녁을 못 먹고 온다는 걸 안 아줌마는 출근하면 계란말이, 묵무침, 부침개를 간이 맞는지 먹어보라며 기미 상궁을 시켰다. 내가 엄지를 올리며 최고라고 하면 아줌마는 환하게 웃었고, 나는 배가 불러 소화 시키려고 홀과 주방을 뛰어다니며 신나게 서빙 했다.

그때 몸은 힘들었어도 아줌마와 함께여서 일하는 게 즐거웠다.

〈보이지 않는 세계〉

누군가를 이해한다는 일은 비슷한 경험이 있을 때다. 짐작, 추측은 착각, 오류, 판독되지 않는 포즈다. 경험만큼 사실적인 건 없다.

예수님의 직업은 목수였다. 그 당시 목수란 천한 직업이었고 목공소에 가만히 앉아서 손님을 받는 게 아니었다. 우리나라 70년대에 '메밀묵 사려'를 외치며 골목을 누비던 모습과 같았다. 예수님은 연장통을 메고 갈릴리 동네를 두루 다니며 문짝을 고쳐주었다. 남의 집 안방까지 들여다볼 수 있었다는 뜻이다. 가난한 사람들이 사는 모습을 적나라하게 보았고 애환을 들었다. 목수란 직업은 배우지 못하고 가난한 사람이 하는 일이었기에 그들과 공감력이 높았다.

 어려운 처지에 놓인 사람끼리는 서로 안타까워하며 동조하게 되는 건 인지상정이다. 고사성어에서도 뇌하지수 인복구류(瀨下之水 因復俱流)라고 했다. 여울에 떨어진 물이 서로 어울려 다시 함께 흐른다는 뜻이다. 심정을 헤아려 서로 위로를 주고받으며 함께 살아가는 것이다.

 예수님은 공생애 동안 가난하고 소외된 사람들에게 벗이 되어 주셨다. 예수님이 고관대작의 아들로 이 세상에 태어났다면 가난한 사람들에게 공감력 있는 감성으로 접근도 할 수 없고 사람들은 동의하지도 않았을 것이다. 추측으로는 구체적 실감이 어렵기 때문이다.

운명은 받아들이는 게 아니라 선택

〈보이는 세계〉

　인복은 타고난다. 좋은 인성, 됨됨이와 상관없이 돕는 사람들을 만난다. 교만하고 악해도 능력 있는 부모, 돕는 형제, 자식이 승승장구한다. 빛나는 조건 때문에 자발적 호구들이 붙어 충성하기도 한다.
　양심 바르고 착해도 무능력한 부모와 형제를 만나 힘들 수 있다. 폭력적인 배우자, 속 썩이는 자식, 실망감만 주는 인연들을 만나는 것이다. 그러나 외부 조건이란 성장기 때는 잠깐 영향을 받을 수 있으나 전체적 인생에 영향을 주지는 않는다. 자기 운명은 스스로 만들어 가는 것이기 때문이다. 내 가슴 속에 내 운명의 기운이 있다.
　인복 있으면 좋다. 그러나 인복이 없어도 상관없다. 수고 없이 주어지는 혜택으로 사는 사람보다 직접 땀 흘리며 몸으로 부딪치는 인생이 더 숭고할 수 있다. 자기 에너지와 능력을 알고, 조절하는 지혜도 있으며, 할 수 있는 일과 할 수 없는 일을 분별해 성취욕도 높다.

본래 베풀면 돌아온다는 말은 받는 데에 익숙한 사람들이 하는 말이다. 자신의 수고보다 많이 받아서다. 그러나 스스로 살아가는 사람은 애초에 남의 주머니에 관심도 없고 누군가의 희생, 양보로 득을 얻으려고 하지도 않는다. 자신이 가진 것만으로도 사는 맛을 느끼며 능력만큼 누리며 자유롭게 사는 것도 나쁘지 않다. 자유로움이란 바람의 방향이 정해져 있지 않듯 자신의 삶은 자신이 주체적으로 이끌어 어디에도 메이지 않아 가볍다.

〈보이지 않는 세계〉

이집트의 총리가 된 요셉은 두드러지게 인복이 없는 사람이다. 어렸을 때 엄마가 죽어 편부가정에서 자랐다. 아버지의 사랑을 받지만 그게 빌미가 되어 이복형들에게 미움을 받아 노예로 팔렸다.

요셉은 남의 집 종살이를 했다. 거기서도 주인마님이 성적으로 유혹을 했지만 거절하자 누명을 씌워 감방에 갔다. 억울한 누명을 썼지만 나서주는 가족이 없어 10년이 넘는 형량을 받았다.

엄마도 없는 어린 동생을 보호하고 도와주어야 할 가족인 형들이 인신매매로 팔아버렸고, 주인을 잘못 만나 감방살이를 하게 된 요셉은 자기 신세가 서글프고 억울했을 것이다. 그러나 천지에 의지할 데가 없는 요셉은 하나님을 의지했다.

척박한 현실이어도 하나님의 지지와 응원을 받는 사람은 바른 정도를 걷는다. 요셉은 정결한 처신으로 항상 예의 바르고 성실했다. 인품을 인정받아 죄수들을 관리하는 직무를 맡게 되었다. 감옥에는 이집트 왕 파라오의 신하들이 있었다. 관리자가 된 요셉은 사람들을 자유롭게 만날 수 있어 신하들을 통해 이집트의 언어, 정치, 경제, 문화를 익힐 수 있었다. 어느 날 파라오의 꿈을 해석해 주면서 왕 옆에 있게 되었다. 요셉은 그동안 배우고 익혔던 이집트의 역사도 능통해 파라오의 신뢰를 얻어 총리까지 올랐다.

요셉은 노예였으며 이방인이고 전과자였지만 하나님을 의지하며 스스로 기량을 닦고 겸허한 처신으로 성경에 빛나는 인물로 기록되었다.

원수

〈보이는 세계〉

어떤 일로든 자살을 생각할 만큼 절망에 빠트린 원수가 있다면 복수하고 싶다. 당한 만큼 되갚아 주어야 후련할 것 같다. 그러나 현실적으로 어렵다.

타인을 고통에 빠트리는 가해자란 애초에 보통사람들과는 다르기 때문이다. 파괴성. 비양심, 비뚤어진 사고, 공감력 결핍, 상식적이지 않다. 이런 사람을 상대로 복수를 한다는 건 그 이상의 파괴성이 강해야 한다.

이 세상에는 다른 사람은 할 수 있는 일이어도 나는 할 수 없는 게 있다. 가해자도 아무나 되는 게 아니지만 복수도 아무나 하는 게 아니라는 뜻이다. 보통사람은 고작 할 수 있는 일이 원수를 향해 악담을 퍼붓고 저주하는 것뿐이다. 마음의 독을 품고 있으면 자신에게 안 좋다는 걸 알지만 용서도 힘들고 이 세상의 어떤 단어로도 위로가 안 된다.

하지만 뿌린 대로 거두는 건 우주의 법칙이고 과학이다. 우주의 시스템에 입력되어 실행된다. 부메랑처럼 자신에게 돌아오거나 교육보다 더 강한 유전자를 무시할 수 없다. 자식은 부모의 열매를 따 먹고 산다. 부모가 자신이 병든 나무인지 모르면 자식이 벌레 먹은 열매를 따 먹는 것이다.

아팠던 어제는 행복한 오늘로 지울 수 있다. 원수가 생기면 어딘가에 몰두해야 한다. 친구들과의 수다, 운동, 일, 취미에 집중하다 보면 잊혀지지는 않아도 서서히 감정이 진정되어간다. 무언가에 집중하다 보면 빛나는 성과를 얻기도 하고 성취감, 기쁨도 생기지만 사람들과 만나다 보면 깜짝 놀라운 일을 경험하기도 한다. 자신과 비슷한 경험자가 의외로 많다는 사실이다. 혼자만 겪으면 불행이지만 비슷한 경우가 많으면 조금은 위로가 된다.

〈보이지 않는 세계〉

원수에게 복수는 인간의 끊임없는 관심사지만 성경은 원수를 용서하라고 했다. 청천벽력 같다. 그러나 복수는 악순환이어서 믿음의 사람은 하나님에게 맡긴다.

하나님은 용서와 사랑도 하지만 심판으로 공의를 나타내신다고 하셨다. 악행을 즉각 벌주면 인간 집단이 무너지기에 당장 대가를 치르게 하지는 않으신다. 그러나 억울하고 슬픈 사람에게 약속하셨다. 어떤 일이든 하나님은 기억하며 원수가 보는 앞에서 융숭한 대접으로 원수의 모든 기대를 꺾겠다고.

거지 나사로는 부잣집 문 앞에서 버려진 음식물쓰레기로 연명했다. 개가 와서 헌데를 핥아도 제지하지 못할 만큼 병약했고 돌봐줄 가족도 없었다. 그러다가 나사로와 부자는 죽었다. 부자는 지옥으로 갔고, 나사로는 천국으로 갔다. 부자는 지옥에서 고통스러워하며 천국에서 아브라함 품에 안겨있는 나사로를 보았다. 부자는 물 한 모금만 달라고 사정했다. 그곳은 양쪽에서 볼 수는 있어도 왕래할 수는 없다.

그런데 부자는 왜 지옥으로 간 것일까? 나사로를 괴롭힌 것도 아니고 능력이 있어서 잘사는 게 뭐가 죄라는 것인가?

부자는 병들어 널브러져 있는 생명을 의원에게 보이지도 않았고 따뜻한 음식 한 점 베푸는 인정머리가 없었다. 생명에 대한 연민이 파리 오줌만큼도 없었고, 하나님이 준 부(富)의 의무를 준행하지도 않았다.

나사로는 몸은 병들었지만 정신적 장애인이 아니었다. 보고, 듣고, 느끼며 생각할 줄 아는 지각이 있었다. 게을러서 일을 안 해서 거지가 된 게 아니라 몸이 아파 일을 할 수가 없었다. 부자가 따뜻한 방에서 산해진미를 즐길 때 나사로는 차가운 땅바닥에서 쓰레기를 주워 먹으며 무슨 생각을 했을까? 상대적 박탈감으로 자기 신세가 몹시 서글프고 비참함을 느꼈을 것이다.

  부자는 하나님을 믿는 사람이었다. 그러나 진정으로 믿은 사람이었다면 자기 집 앞에 머무는 처참한 생명을 보며 하나님의 아픈 손가락이라는 걸 모를 리가 없다.

  성경의 이 내용은 원수가 지옥에 갔다고 고소해하라는 데에 역점을 둔 게 아니다. 생명을 천시하는 무시를 통해 인생의 억울함, 슬픔, 비참함은 어떤 방법으로든 신원해 주신다는 데에 초점이 있다. 지옥에 있는 부자가 보는 데서 주님은 나사로를 융숭한 대접으로 서러움을 갚아주셨다(시23:5).

자초하는 고난

⟨보이는 세계⟩

만날 때마다 인생의 문제 보따리를 풀어 놓는 사람이 있다. 먹구름 낀 인생 얘기를 계속 듣는 사람도 감정이 무겁다. 남에게 하소연할 수는 있다. 하지만 문제는 해결해서 벗어나는 것이지 푸념해 봤자다. 남이 알아서 배려해 주지 않는다.

누구나 살다 보면 어려운 일이 생긴다. 백지장도 맞들면 가볍듯이 지혜를 나누어 주고 따스한 말 한마디라도 해주는 건 아름다운 일이다. 하지만 문제 보따리를 들고 다니는 사람은 한번 도와줘도 그것으로 끝나지 않는다. 골칫덩이인 가족에게 '밑 빠진 독에 물 붓기' 해본 사람은 무슨 말인지 알 것이다. 그 가족은 평생 속을 썩인다.

내가 잘못하지 않아도 운명 같은 불행이 있다. 하지만 대부분은 본인 삶의 태도가 잘못되었기 때문이다. 무엇이 잘못되었는지 자각하지 못하고, 자기 객관화가 안 되며, 욕심이 많고, 옆에서 조언해주어도 듣지 않는다.

때로 인생을 말로 배우기보다 직접 겪으며 산교육이 되는 사람이 있다. 고통, 물질 손해를 겪을 만큼 겪고 나서 비로소 깨닫는 것이다. 하지만 나쁜 건 구태여 겪을 필요는 없다. 어떤 문제가 생기면 혼자 결정하기보다 세 명에게 물어보고 다수 쪽으로 움직여 보는 것도 나쁘지 않다. 이 세상에는 나보다 경험, 지혜, 직감력이 뛰어난 사람이 많다. 사람을 의지하라는 게 아니라 자각하고 배우는 기회다.

한 번 실수는 병가지상사다. 하지만 크기, 종류에 따라 고통이 다르다. 고통이란 익숙한 게 아니기에 두 번은 발생 되지 않도록 부족한 부분은 보완하고 작은 것부터 실천해 나가는 건 중요하다.

〈보이지 않는 세계〉

이 세상에는 고난의 종류가 많지만 크게 둘로 나뉜다. 하나님이 허락한 의미 있는 고난이 있고 자초하는 고난이 있다. 믿음의 사람은 구별할 수 있어야 한다. 구별하지 못하면 연속되는 고난에서 벗어나기 어렵다.

의미 있는 고난은 그 당시는 잘 모를 수 있지만 겪고 난 후에는 발전, 성장, 변화가 있다. 흩어져 있던 퍼즐 조각이 맞춰진 듯 확고

한 신념이 생기고, 새로운 다짐으로 삶의 방향이 달라지기도 한다. 그러나 자초하는 고난은 몸과 마음이 피폐해져 있고 삶이 정지된 듯 어두운 지하에 떨어져 있다.

의미 있는 고난을 겪는 사람은 설혹 실수, 실패해도 긍정적으로 돌파해 나가는 힘이 있어 빠르게 수습하고 문제점을 제거하기에 두 번은 겪지 않는다. 그러나 자초한 고난은 문제 거리를 끌어안고 산다. 주님의 뜻보다 자기 뜻대로 살아온 결과다. 욕심, 탐욕, 돈과 즐거움의 유혹, 분위기에 휘말려 능력 밖의 일을 선택해 문제가 꼬리에 꼬리를 무는 것이다.

하나님은 아무나 훈련 시키지 않으신다. 예쁜 바구니가 될 재질을 도끼로 만들려고 담금질하며 두들기지 않는다. 자식의 고통을 즐기는 부모란 없기에 고난의 종류를 구별할 수 있어야 한다. 하지만 자초한 고난이어도 주님이 대책을 세워 놓으셨음을 믿고 잘못된 태도를 바꾸면 새로운 시작을 열어 주신다.

이웃과의 분쟁

〈보이는 세계〉

 불화한 인간관계는 다 힘들지만 특히 이웃과 사이가 안 좋으면 더욱 예민해진다. 피할 수 없는 원수 같은 이웃은 잔잔한 호수에 날아드는 짱돌이다. 집을 나서다 마주칠 때마다 감정 소용돌이가 일어나고, 담 너머로 목소리가 들려와 원수가 문밖에 있는 거 같다.
 사람 감정은 유리 같아서 싫은 말 몇 마디 오고 가기만 해도 금이 가거나 깨져 마음의 균형을 잃는다. 이웃 간의 분쟁 발단은 대부분 사소한 것일 때가 많다. 감정싸움에 진실이 덮여 있는 것이지 제삼자 눈으로 보면 둘 다 유치하게 보이기도 한다.
 미운 놈에게 떡 하나 더 준다는 속담이 있다. 싫은 사람에게 아까운 떡을 왜 주냐 싶겠지만 효과적이다. 후환이 두려워 꼬시는 것도 아니고 친해지고 싶어서도 아니다. 서로가 편하고 싶어서다. 감정싸움은 승리자란 없고 양쪽 다 정서만 망가진다.

본래 사회성이 우수하고, 도량이 넓은 사람이 먼저 떡을 건넨다. 속이 밴댕이 소갈딱지처럼 좁은 사람은 결코 먼저 하지 못하는 일이다.

　아름다운 꽃에 침 뱉는 사람은 없듯이 대부분은 웃는 얼굴로 떡을 주면 받는다. 다시 친해지기는 어려워도 적어도 부딪쳤을 때 감정의 소용돌이도 일어나지 않고 신경이 쓰이지는 않는다.

〈보이지 않는 세계〉

　교인끼리도 분쟁이 생긴다. 그러나 먼저 떡을 내미는 사람이 있다면 그는 진실로 주님을 사랑하는 사람일 것이다. 주님을 아는 것과 사랑하는 건 다르기 때문이다. 주님을 사랑하는 자는 진리를 삶에 실천하며 살기에 마음을 양보하게 되어있다.

　주님에게 삶을 맡기고 목숨을 걸고 사는 게 믿음이다. 자신에게 자신을 맡기고 사는 사람은 자존심 때문에 먼저 화해하는 게 어렵다. 하지만 먼저 손을 내미는 사람은 사람에게 자신을 내려놓는 게 아니라 주님에게 내려놓는 일이어서 어렵지 않다. 진실로 주님을 사랑하는 사람은 미운 사람이 생겼을 때 자신을 중심으로 생각하지 않고 하나님과 연결된 존재라는 걸 인식하기에 인간의 감정을 뛰어넘는 것이다.

바다는 염분 3% 때문에 염수인 것처럼 작은 떡이어도 효과가 있다. 화해하려는 그 마음이 믿음의 순종이다. 혹여 상대가 화해를 받아들이지 않아도 괜찮다. 주님 앞에서 내 할 일을 했다는 게 중요하다. 나를 계속 미워하는 건 그 사람의 신앙관이고 나의 삶의 자세는 주님 앞에서 반듯하게 지켜 가야 한다.

남이 나를 어떻게 보는지는 필요 없다. 그러나 주님이 나를 어떻게 보는지는 중요하다. 땅에서 매이면 하늘에서도 매인다고 하셨다(마18:18). 긍휼한 마음으로 관용을 베풀면 하늘에서도 긍휼히 여김을 받는다.

소갈딱지처럼 앙금을 갖고 뻗대면 도망간 소를 그리워하며 외양간에서 울고 있게 될지도 모른다.

배타주의

⟨보이는 세계⟩

인간은 지구에 미션을 갖고 태어난 무전 여행자일지도 모른다. 처음 와보는 장소에 알몸으로 와서 성인이 되면 자급자족하며 스스로 살아내야 하기 때문이다. 아무리 부잣집에 태어나도 사회생활, 직장, 결혼해서 가족을 책임지는 건 부모가 대신해주지 않는 것이다.

여행이란 즐거움도 있지만 고달프다. 인생도 즐거움이 있지만 먹고 사는 일이 힘들다. 그렇다고 해도 숙명적으로 주어진 상황을 극복해 나가며 창조, 발전, 성장으로 미션은 이루어져 간다.

여행이란 새로움의 흥미, 신기함, 감탄, 즐거움, 기쁨도 있지만 이해가 안 되는 지역성, 문화도 느낀다. 하지만 불문율이 있다. 아무리 이상하고 납득이 안 돼도 지적하거나 간섭할 수 없다는 점이다. 생쥐를 꼬치에 뀌어 구워 파는 모습을 본다고 해도 여행자는 비난할 필요도 없고 하지 말라고 강요할 수도 없다.

간섭, 지적은 자기 우월감 과시며 오만한 폭력이다. 여행자는 그곳의 삶의 방식이 이해되지 않아도 존중하며 그냥 제 갈 길 가면 되는 것이다.

〈보이지 않는 세계〉

나는 기독교인이지만 타 종교 도서를 읽는다. 아직 가야 할 진리의 길을 찾지 못해 여기 기웃 저기 기웃대는 게 아니다. 예수님에 대해 확고한 신념이 있지만 타 종교를 모르면 내 종교의 우수성을 모른다. 우수성을 알면 깊게 뿌리가 내려져 어떤 상황에서도 꿋꿋하다.

여행하다가 돌아갈 곳이 없어 길에서 죽으면 객사다. 기독교는 돌아갈 집이 있고 기다리고 있는 분도 있다. 이 세상에서 살아도 좋고 죽어도 괜찮다. 실물로 보고 싶은 하나님, 예수님, 다윗, 요셉, 에스더 등 헤아릴 수 없이 그리운 얼굴이 많아 설레고 흥미롭기까지 하다.

타 종교를 믿고 따르며 받아들이지는 않더라도 존중심은 필요하다. 존중은 사회적 관계다. 내가 몸을 담고 있는 사회를 무시할 수는 없는 노릇이다. 모두는 하나님 안에서 구원의 대상이며 희망의 존재이다. 예수님이 교회 다니는 사람들만을 위해 십자가에서 돌아가셨겠는가. 예수님은 자신을 믿지 않는 사람일지라도 비난하지 않았다. 공의의 잣대로 보면 판단하게 되지만, 은혜의 잣대로 보면 배타적일 수 없다.

비아 돌로로사(Via Dolorosa)

〈보이는 세계〉

비아 돌로로사는 외롭고 비탄스러운 '눈물의 길'이라는 뜻이다.

그녀는 가끔 외출하고 돌아와 차고에서 외제 자동차에 앉아 운다. 실컷 울고 난 후 잔디 깔린 넓은 정원을 지나 현관문을 연다. 거실은 기괴한 모습을 하고 있다. 물이 뚝뚝 떨어지는 옷가지들이 소파, 식탁, 장식장에 널려 있다. 중학생 아들이 며칠에 한 번씩 옷장에 있는 옷을 죄다 꺼내 빨래를 해 놓는 것이다. 짜지 않고 물에서 그대로 건져 사방에 걸쳐 놓았다. 하지 말라고 수십 번을 말해도 소경이 가로 등불 보듯 한다.

한 모임에서 그녀를 만났다. 사람들은 그녀에 대해 이구동성으로 말했다. 전생이 있다면 아마도 크고 훌륭한 일을 많이 했을 거라고 했다. 돈, 학력, 좋은 배우자, 멋진 외모, 친절, 겸손이 우러나는 품격까지 빛났기 때문이다.

그러나 인생의 질량 총량의 법칙이 있는 것일까. 자기 몫의 희비애락이 있는 것처럼 그녀의 아들은 자폐증이다. 하지만 그녀는 가끔 자기 연민으로 서글퍼 울 때가 있지만 일이 벌어지면 씩씩한 해결사가 되었다.

옷소매를 팔뚝까지 걷고 물이 뚝뚝 떨어지는 빨래를 걷어 두 대의 세탁기에 넣고 동분서주로 뛰며 거실에 물기를 닦는다. 빨래와 한바탕 씨름하고 난 후 마당 나무 그늘 밑 의자에 차 한잔 들고 앉는다. 넓은 정원을 가로지르는 긴 줄에서 깨끗한 빨래가 펄럭인다. 키 맞춰 자란 잔디가 평화롭게 보이는 것처럼 그녀도 평안하다.

본래 무거운 짐을 메고 있으면 태풍이 불어도 넘어지지 않듯이 그녀는 아픈 자식 때문에 아플 수도 없다. 자식을 감당하기 위해 음식에 신경 쓰고 운동도 열심히 한다. 무엇보다 타인이 내 자식에게 해주기를 바라는 대로 먼저 누구에게든 친절, 예의, 존중, 배려, 양보의 삶을 살아 인격이 빛났다.

〈보이지 않는 세계〉

구레네 사람 시몬은 예수님 대신 십자가 형틀을 지고 골고다 언덕을 올라 간 사람이다. 그 당시 죄인은 자신이 매달릴 십자가는 스스로 지고 사형장으로 가야 했다. 예수님은 채찍을 맞아 몸이 쇠약해져 십자가를 질 수가 없었다. 구경하는 군중 속에 있던 시몬을 로

마군사가 지목한 것이다.

오늘날 그 길을 비아 돌로로사(Via Dolorosa)라고 한다. 예수님은 신의 아들이지만 인간적 감성을 지녔기에 사형장을 향해 가는 심정이 비탄했을 것이고, 시몬은 남의 십자가를 지고 가는 게 억울해서 슬펐을 것이다. 왜 하필 나인가.

시몬은 예수님을 믿지도 않았다. 자신과 상관없는 자의 형틀을 대신 지고 가는 것에 불평불만이 가득했다. 하지만 자신이 메고 올라간 십자가에 매달린 예수님의 마지막을 목격하게 됐다. 피투성인데 눈빛에서는 찬란한 영광이 나타났다. 예수님이 숨을 거두자 천지가 소동하는 것도 보았다. 바위가 터지고 해가 빛을 잃었고 땅이 진동했다(마27:51~53).

그 후 시몬은 기독교를 받아들였고 가문에 변화가 일어났다. 아들 루포는 기독교의 중요한 인물이 되었고, 바울과 바나바가 시몬의 아내를 어머니라고 부르며 공경했다. 주어진 십자가를 극복해서 영광으로 나타난 것이다.

땀 흘린 수고는 헛됨이 없다. 그녀가 장애인 아들을 통해 몸과 마음의 균형을 이루어 인품이 빛났듯이, 시몬은 십자가의 짐을 통해 하늘 문을 여는 열쇠를 받았다.

제6부

궤도 이탈

사기꾼과 한통속인 존재

〈보이는 세계〉

인생이 휘청일 만큼 누군가에게 사기를 당하는 건 운명이 아니다. 운명론에 정당성을 찾으면 조금 편해지기는 하겠지만 패배주의의 변명이다.

도둑을 맞으려면 개도 안 짖는다는 말이 있듯이 대비력을 갖춰도 예상치 못한 일이 발생 될 때가 있다. 그러나 대부분은 욕심이 상식을 벗어났고, 자기 객관화가 안 되는 것이고, 자신의 깜냥을 파악하지 못했고, 사람 보는 안목이 없어서다.

본래 성공한 사람들은 본인의 노력이라고 말하고, 실패한 사람들은 운명의 결정론자가 된다. 운명에게 미루는 사람은 자신의 문제 행동을 교정하려고 하지 않아 또다시 같은 일을 반복할 여지가 있다. 자신의 잘못이라고 인정하면 자존심은 상하겠지만 미래를 위해 일보 후퇴 삼보 전진이 될 수도 있다. 어떤 상황이든 움직이는 키는 운명이 아니라 제 손에 있다는 걸 알아야 신중해지는 것이다.

본래 욕심이 많으면 사기꾼을 만날 확률이 높다. 사기꾼은 먹잇감을 알아보고 접근하기 때문이다. 사기꾼이 나쁜 건 말할 것도 없지만 씨앗 하나로 금방 한 가마니 수확을 꿈꾸는 것도 상식적이지 않다. 씨앗 하나에는 싹이 한 포기밖에 나지 않아 여러 해 동안 수고를 해야 한 가마니를 얻는다.

누구나 자동차를 타고 고속도로 달리는 인생이 되고 싶겠지만 느린 달팽이 같은 삶도 행복할 수 있다. 천천히 들꽃 사이를 걸어가도 인생의 의미가 있다.

〈보이지 않는 세계〉

사탄과 사기꾼은 한통속이다. 끼리끼리는 과학이고 진리인 것처럼 서로가 통한다. 사탄과 사기꾼이 만나면 의기투합이 잘돼 함께 꿈을 향해 나가는 동지가 되는 것이다. 사기꾼은 먹잇감을 알아보고 사탄은 망할 사람을 알아보기 때문에 서로 윈윈한다. 인간의 악행 뒤에는 악마가 존재하는 것이다.

사기꾼에게 재산을 잃으면 피해자인 당사자만 파멸에 이르는 게 아니다. 가족들까지 고통을 겪는다. 결국에는 지켜주지 않은 하나님을 원망하며 실족한다. 사탄은 자신의 목적이 이루어져 흡족해서 웃고, 사기꾼은 탐욕이 채워져 만세를 부른다.

하지만 자신을 지켜주지 않는다고 하나님의 존재를 부정하며 교회를 떠나고 싶어질 때 묵상해 볼 일이 있다. 눈에 보이고, 만질 수 있고, 말, 행동도 볼 수 있는 사람도 제대로 파악하지 못해서 당했다는 사실이다. 그 안목으로 신을 안다고 말한다면 모순이다.

자신의 부족함을 회개하고 돌이키면 어둠만이 가득한 것 같은 길에 희망의 빛이 나타난다. 하나님은 어떤 방법으로든 살아갈 수 있는 새길을 열어 주신다. 그러나 회개는 자백이 아니라 삶의 태도를 바꾸는 일이다. 두 번 다시는 그러지 않겠다는 방향을 바꿀 때 한 쪽 문이 닫혀도 다른 쪽 문이 열린다.

감정 쓰레기통

⟨보이는 세계⟩

  살면서 좋은 사람만 만나는 것도 불가능하고 좋은 일만 생기지도 않는다. 하지만 안 좋은 일이 생길 때 감정처리를 어떻게 하는지는 중요하다. 의지가 운을 만들기도 하기 때문이다.

  타인에게 하소연할 수도 있다. 귀를 내어주는 사람은 길을 몰라서 헤매면 아는 대로 가르쳐주고, 들어주기만 해도 가벼워지고, 스스로 해결점을 찾기도 한다. 그러나 어쩌다 한두 번이다. 습관적으로 징징대면 받아주기 힘들다. 타인의 감정 배설물 받아내는 일이란 기력을 빼앗기는 일이기 때문이다. 누구나 조금씩의 염려, 걱정은 하고 산다. 위로받고 싶겠지만 타인에게 감정 쓰레기 버려놓고 입맛에 맞는 맞장구까지 요구하면 질린다.

  이 세상에는 남의 인생, 감정을 책임지는 사람은 없다. 가족이어도 어른의 배설물 받아내는 기저귀가 되는 건 불행이다. 혼자만의 고통을 다른 사람에게 전이시키는 건 건강한 사고도 아니고, 징징대는 말을 뱉으므로 부정적인 기운을 끌어당긴다. 자기 운은 자기가 창조하는 것이다. 나쁜 감정은 독립적으로 빠르게 처리하는 습관을 길러야 자신도 좋고 주변도 평안하다.

평소 문제가 생겼을 때 원인, 과정, 결과를 세밀하게 들여다보기를 해야 한다. 무엇이 원인이 되어 안 좋은 방향으로 흘러갔는지를 알아야 다음에는 조심해서 비껴갈 수 있다. 풀기 어려운 얽힌 실타래면 과감하게 쳐내고 새 실을 구하던지, 좀 더 노력을 해볼 것인지 빠르게 판단할 수가 있는 것이다.

타인에게 의존하면 내면의 변화가 오지 않는다. 자기 자각이 없으면 노력할 생각을 하지 않기 때문이다.

〈보이지 않는 세계〉

영적인 사람은 문제가 발생 되면 형제를 찾아가는 게 아니라 하나님 아버지에게 간다. 주님에게는 부끄럽지도 않고, 눈치를 보지 않아도 되고, 솔직하게 말할 수 있고, 도움을 받기도 한다.

기도는 헛되이 땅으로 곤두박질치지 않기에 어떤 형태로든 해결의 실마리가 나타난다. 그러나 주님에게 하소연하고 난 후의 자세는 중요하다. 자기 말만 하고 돌아서서 잊어버리면 주님을 배설물 쏟아내는 화장실로 여기는 것과 같다. 본래 경청이 안 되면 소통, 해결이 안 된다.

  기도하고 난 후에는 묵상. 눈, 귀를 활짝 열어 목사님 설교 말씀에 귀 기울이기, 만나는 사람들, 자연, 사물을 유심히 들여다봐야 한다. 목사님의 설교 한 문장 속에 해결의 열쇠가 있을 수 있고, 모든 것에 집중하다 보면 어느 순간 마음에 훅 들어오는 무엇인가 있다. 주님이 일러주시는 해결 방법은 다양하기 때문이다. 목동이 멀리 있는 양을 부를 때 다양한 방법을 쓰는 것과 같다. 지팡이 부딪치기, 호루라기 사용, 양몰이 견, 양은 냄비를 두들기기도 한다.

사람은 진짜 변하지 않을까

⟨보이는 세계⟩

 사람은 고쳐서 쓰는 게 아니라는 말이 있다. 익숙하게 듣던 말인 것처럼 자기중심, 잘못된 태도, 부정적 사고, 지적질, 이기심, 교만은 쉽게 고쳐지지 않는다.
 변화가 어려운 것은 남들 눈에는 고장 난 듯해 보이지만 당사자는 잘 모르기 때문이다. 그렇다고 옆에서 말해 봤자다. 서로 사는 방법이 달라서 안 맞는 것이지 누구의 시선으로 고장이라고 정의하냐며 따지고 든다. 언쟁만 생길 뿐 고치지 않는다.
 누구나 장단점이 있다. 그러나 예민하고, 소심한 것 등 자신이 불편한 단점이 있고 타인을 상처, 피해 입히는 치명적 단점이 있다. 치명적 단점은 장점도 다 덮어 버리지만 계속 타인을 힘들게 한다.
 사람을 좋아하고 물질을 베풀어도 좋은 인연을 만나지 못했다면 치명적 단점을 숙고해 봐야 한다. 사람에게 관심 없고 나누고 베풀지 않아서 사람을 못 만나는 건 당연할지 모르나 웃는 얼굴로 다가가고 돈까지 쓰며 잘하는데 누가 싫어하겠는가. 좋은 것, 귀한 걸 타인에게 내어주면서도 곁에 머무는 좋은 인연이 없다면 자연스러운 흐름이 아닌 게다.

사람에게 진심을 줄 줄 아는 사람은 치명적 단점을 가진 사람은 옆에 두지 않는다. 조용히 선을 그어 버리거나 적당히 사회적 처세로 대할 뿐이다. 고쳐지지 않을 것이라는 걸 알기 때문이다. 쓸데없는 에너지 뺏기며 언제까지 참아주고 받아주겠는가.

〈보이지 않는 세계〉

세상 사람은 변하지 않지만 믿음의 사람은 변한다. 드라마틱하게 빠르게 변하지 않을 수는 있어도 안 변하면 이상한 것이다.

성령님이 임재해 있는 사람은 잘못된 태도, 부정적 사고, 화, 분노, 이기심, 질투, 교만, 욕심이 사라지게 되어있다. 성령님이 내 속에 어두운 부분을 비추기 때문에 죄를 그대로 보게 해서 변하는 과정에 놓인다.

바울은 그리스도를 믿는 사람을 박해하는 데 선봉에 섰었다. 사람들이 피하면 끝까지 추적해 폭력적으로 잡아들이는 비정한 자였다. 그러나 예수님을 만나면서 생명을 존중하고 겸손하게 변했다(고전15:9).

믿음이 없는 사람은 정신, 생각, 마음이 자기가 기준이다. 다 그런 건 아니지만 대부분 사람은 자신을 볼 수 없기에 고치지 못한다. 거울을 마주 봐야 자기 모습을 볼 수 있듯이 사람은 자신이 거울이 될 수가 없어서다. 그러나 기독교인은 주님이 정신의 기준이다. 주님에게 자신을 늘 비춰보기에 잘못된 게 있으면 고쳐 나간다.

믿음의 사람끼리는 치명적 단점이 있어도 포용한다. 어느 순간 변한다는 걸 알기 때문이다. 변할 여지가 있다는 건 희망이다. 주님이 우리가 부족해도 성장을 기다리며 참아주시듯이 누군가 지금 치명적 단점이 있어도 변한다는 기대감으로 받아주고 배려해 주는 것이다. 그러나 믿음이 없는 사람의 치명적 단점은 바늘로 철판 뚫기만큼이나 고칠 가망이 없어 막막감이 느껴진다. 집 안에 골칫덩이가 있는 사람은 무슨 말인지 알 것이다. 잘못된 태도를 고치지 않고 평생 가족을 힘들게 한다.

비겁한 텃세

〈보이는 세계〉

도시에서 사는 사람들은 노후에 조용한 시골에서 살고 싶다는 꿈을 꾼다. 그러나 병원, 생활의 불편보다 텃세가 무서워 망설이기도 한다.

어디서든 텃세란 먼저 자리 잡고 사는 사람이 뒤에 들어오는 사람에게 마음을 열어주지 않는 일이다. 기득권 행세로 작정하고 소외시키는 것이다. 새로 온 사람은 그곳에 스며들려고 노력해도 그 벽을 넘어서기 힘들다. 결국에는 장소를 옮기거나 언젠가는 나아지겠지라는 희망을 품고 견뎌야 한다.

시골은 도시 사람들의 도움을 받으며 산다. 도시 사람들이 치열하게 사회생활하며 낸 세금으로 시골은 많은 혜택을 받기 때문이다. 경운기 지나가는 도로, 농약, 거름, 씨앗, 야생동물 방지 전기 울타리 등 다양하다.

때로는 귀촌한 사람들 가운데 먼저 시골 사람들과 선을 긋기도 한다. 땅 측량해서 담을 치기도 하고, 시골 사람들과는 수준이 안 맞아 상대 안 하고 자연만 즐기며 시골 정서를 무시한다. 있는 그대로 수용하며 스며드는 적응력이 없으면 자연스레 텃세의 희생양이 되기도 하고 스스로 적을 만들게 된다.

그러나 대부분은 시골 사람들과 더불어 인생을 꿈꾸는 소박한 꿈을 가지고 있다. 돈도 들지 않는 마음 한 자락 필요한 사람에게 배려하는 건 누군가의 삶을 돕고 지켜주는 일이어서 의미와 가치 있는 일이다.

어디서든 먼저 자리 잡은 유리한 고지에서 타인의 인생을 쥐고 흔드는 텃세는 소갈딱지 못돼먹은 것이고, 유치하고, 비겁한 심술이다.

〈보이지 않는 세계〉

도시와 시골, 어디에서 사는 게 천국에 들어갈 수 있는 확률이 높을까.

시골은 혼자 땅을 일구며 일해도 먹고 살 수 있다. 몇 가구의 익숙한 동네 사람들과 비즈니스 관계로 적당히 거리를 띄워 지내도 작물 수확과는 상관이 없다. 사는 데 크게 지장이 없는 것이다.

도시의 생활이란 사람 밭에서 일해야 밥을 먹을 수 있다. 성격, 생각이 다른 사람들과 잘 어울려야 순조롭다. 하지만 현대인들은 일하는 것보다 인간관계가 더 힘들다고 한다. 맞추고 참으며 사는 게 힘들어서다. 모임, 이웃, 친구는 안 보고 살아도 되지만 직장생활은 견뎌야 한다. 조선 시대에만 상전, 하인이 있는 게 아니다. 오늘날의 계급사회도 마찬가지다. 윗사람에게 복종해야 생존할 수 있다. 종의 위치에서 마음을 다스리는 게 어디 쉬운 일이겠는가.

  천국은 일의 성과보다 사람 관계를 통해 맺어지는 열매로 갈 수 있는 곳이다. 많은 사람 속에서 살아내야 하는 도시보다 몇 사람과 잘 지내면 되는 시골이 천국 가기에는 유리한 장소라는 뜻이다. 농부는 인류의 생명 창고를 손에 쥐고 사는 위대한 일도 하지만 동네에 유입되는 몇 사람에게만 친절해도 주님께 칭찬받을 수 있기 때문이다. 생명을 살리는 전도 열매를 맺도록 붙이는 몇 사람도 주님의 마음으로 대해주지 못하는 건 영원히 이 땅에 뿌리박고 살겠다는 것과 같다. 하나님 나라에 방해꾼, 걸림돌이다.

얻어먹기만 하는 사람

〈보이는 세계〉

얻어먹기만 하는 사람과는 동등함을 느끼지 못한다. 동등하지 못한 관계는 균형적이지 않아 언젠가는 문제가 일어난다.

누구나 다 애쓰며 산다. 자기 건 힘들게 얻은 것이어서 다 소중하다. 남의 소중한 건 받아 챙기면서 자기 것은 내어놓을 줄 모르는 건 이기적이고 염치가 없는 것이다. 돈이 많다고 더 쓰는 사람도 드물지만 없어도 계산에 깔끔한 사람도 많다. 있어도 인색한 사람이 있고 없어도 얻어먹기만 하는 게 아니라는 뜻이다.

같은 거지여도 돈이 있으면 떠돌이고, 돈이 없으면 노숙자라고 한다. 하지만 있으면서 쓸 줄 모르고 얻어먹기만 하는 떠돌이나, 없어서 빌어먹는 노숙자나 거지인 건 마찬가지다.

받은 만큼 돌려주지 못해도 작은 성의 표현은 깊은 의미가 있다. 대부분은 누군가에게 무언가를 줄 때 돌려받으려는 생각을 안 하고 준다. 주는 기쁨도 있기 때문이다. 하지만 되갚아 받으면 그것을 기반으로 더 크고 넓게 나누는 사람이 된다.

받기만 하는 사람을 만나면 자연스레 마음 문이 닫힌다. 좋은 흐름을 막는 담을 쌓고 있다는 뜻이다. 받은 만큼 주지는 못해도 작은 성의 표현은 의미가 있다. 작은 것이어도 표현하는 건 좋은 게 번져나가도록 힘쓰는 습관이고 나아가 주변과 사회정서를 풍요롭게 하는 일이다.

〈보이지 않는 세계〉

이웃 사랑을 강조하는 교회도 얻어먹는 데 익숙한 사람이 있다.

지역으로 이사 다니면서 한 지역에서 이상하리만치 짧은 기간에 빈대 같은 사람들을 여러 명 만났다. 우연인가? 지역성인가? 사회에서만이 아니라 교회 구역(속회)에서도 마찬가지여서 지역성 쪽으로 기울어졌다. 한 사람 한 사람이 모이면 집단이 되고 습관들이 모이면 지역성의 이미지가 되는 것이다.

교회는 일주일마다 모이는 구역모임이 있다. 구성원들은 돌아가면서 식사 아니면 다과를 준비하는 건 암묵적 관례다. 배부르게 먹는 데에 목적이 있는 게 아니다. 밥 먹으며 정든다는 말이 있듯이 소박한 행복도 느끼고, 떡을 떼며 삶을 공유하는 은혜의 의미다.

구역모임은 교회 프로그램이 아니다. 신앙의 본질이다. 영적 가족인 것이다. 받으면 자기 것도 내어놓을 줄 아는 게 형제를 사랑하는 것이고 아름다운 믿음의 순전함이다.

공동체에서는 십시일반의 정신이 중요하다. 내 차례에 내 몫을 안 하면 다른 사람이 해야 한다. 여유가 많으면 베푸는 마음도 아름답지만 넉넉하지 않으면 남의 몫을 떠안는 게 쉽지 않다.

따뜻한 차 한잔도 괜찮고, 값싼 요구르트도 괜찮다. 구역(속회) 모임에서는 누가 많이 베풀고 나누는 데에 초점이 있는 게 아니라 자기 차례의 책임감이고, 공동체에 협력 정신이다. 작은 것이어도 표현하는 그 자체가 사랑이다.

남이 잘되는 꼴은 못 본다

〈보이는 세계〉

'사촌이 땅을 사도 배 아프다'는 속담이 있다. 피붙이가 잘되는 것도 질투, 샘낸다면 인간의 본성인 것일까? 하지만 사촌이 땅을 사도 배 아프다는 말은 일본 강점 때 민족 말살 정책으로 일본이 우리나라를 비하(卑下)하는 수단이었다. 피붙이가 잘되는 것도 질투하는 못된 민족으로 만들기 위해서다. 본래의 뜻은 '친척이 땅을 사면 변(거름)이라도 보태고 싶은 마음' 표현이다. 그 당시는 밭에 인분을 뿌려서 식물을 키웠기 때문이다.

샘, 질투는 본성이라기보다 누구나 남이 잘되면 스트레스를 받을 수 있다. 남이 잘되는 꼴이 싫어서인 것보다 자신과 비교되어서일 때가 있다. 나는 뭐했나 싶어 상대적 박탈감을 느끼기 때문이다.

돈 못 버는 사람에게 돈 잘 번다고 자랑하고, 생계 때문에 직장에서 간신히 버티고 있는데 진급했다고 으쓱대고, 부모에게 도움받은

적 없이 되려 봉양하느라 지쳐가고 있는데 수고 없이 상속받았다고 신나서 자랑질해대는데 좋을 리가 없다. 상처에 소금 뿌리며 염장질해대는 배려 없는 태도가 불쾌해서 스트레스받는다.

자기 기분만 챙기며 입만 갖고 살지 말고, 밥이라도 사면서 자랑하면 순하게 듣고 진심으로 축하해줄 수 있다.

〈보이지 않는 세계〉

기독교인의 뇌 구조는 다르다고 한다. 믿음이 있는 사람과 없는 사람 뇌의 특정 부위를 건드리면 받아들이는 게 차이가 있다고 했다. 영적인 사람은 남이 잘되고 잘나가면 스트레스를 받는 게 아니라 다른 형태로 인식이 된다는 뜻이다.

누군가 돈을 많이 벌었다고 하면 하나님이 돈으로 시키실 일이 있나 보다 생각하고, 명예를 얻고 높은 위치에 올랐다고 하면 그 자리에서 맡겨진 일이 있나 보다 여긴다. 이 세상에서 주어진 혜택, 좋은 조건은 역할을 감당하기 위한 도구일 뿐 가치 기준이 아니기 때문이다.

남의 떡이 크면 상대적으로 내 떡이 작아 보여 인간적인 마음에 잠깐은 울적해질 수는 있다. 그러나 세상에서의 좋은 조건이란 천국 가는 데 가산 점수가 아니라 맡긴 소임에 필요해 하나님이 주신 능력이다. 일이 많다는 건 자신을 내려놓아야 할 때도 많고, 신경 쓸 일도 많다는 뜻이다. 일이 많다는 건 고달픔인데 질투할 일이 겠는가.

　남의 떡 부러워하지 말고 내 떡만이라도 잘 간수 하면 되는 것이다. 각자 자신에게 주이진 것으로 나누며 감사한 마음으로 사는 게 성경의 경제관이고 자족할 줄 아는 게 예수님의 가치관이다. 빈약, 부족한 그 자리에는 하나님으로 채워져 있어 남이 잘되는 일에 질투할 필요가 없다.

제7부

내 눈에만 보여요

예언과 작가가 된 동기

〈보이는 세계〉

　벼룩시장에 2층 주택에 1층 전세가 나와서 찾아갔다. 벨을 누르니 주인아줌마가 나왔다. 그 집을 계약하고 이사했다.

　주인아줌마는 감동할 만큼 인정이 많은 분이었다. 비싸고 좋은 과일, 별미 음식을 늘 나누어 주었고, 집 어딘가 고장 났다고 말하면 즉각 해결해 주었다. 그 당시 나는 교회 다닌 지 얼마 안 되는 초신자였고, 주인아줌마는 다른 교회에 출석하는 권사님이었다. 같은 하나님을 믿는 교인이라고 잘해주는 건가 싶었다.

　일 년이 안 되어 다른 지역으로 이사를 하게 되었다. 전세금을 내가 빼서 나가야 했다. 외제 차가 드물 때였는데 주인집은 외제 차를 소유하고 있을 만큼 생활이 윤택해 보여 조심스레 부탁해보기로 했다. 아줌마는 흔쾌히 미리 돈을 빼 주겠다고 했다. 그리고 넌지시 내게 물었다.

"혹시 특별한 공부를 하는 사람인가요?"

"아닌데요."

그 당시 글 쓰는 것과는 거리가 먼 사업에만 관심이 있었다. 아줌마는 고개를 갸웃거리며 '왜 자꾸 공부하는 모습이 비치지' 하며 또 물었다.

"지금까지 내가 서운하게 한 거는 없었나요?"

"전혀요. 너무 잘해주셔서 늘 감사했는걸요."

아줌마는 안도의 눈빛으로 미소를 지으며 말을 이어갔다.

"○○씨가 집 구하러 온 날 대문을 여는 순간 깜짝 놀랐어요."

"왜요?"

"벨이 울려 나가보니 ○○씨가 성령님과 함께 서 있었거든요. 그래서 ○○씨에게 서운하게 하면 왠지 하나님에게 혼날 것 같아 마음을 많이 썼어요."

왠지 광신자 같은 이상한 말처럼 들려 금방 잊었다.

〈보이지 않는 세계〉

성령을 구약에는 '루아흐(ruach)'이고 신약에서는 '프뉴마(pneuma)'라고 한다. 삼위일체 가운데 한 인격체이며 저항할 수 없는 힘이 있고 무형의 활동력을 지닌 분이다.

정말 집 주인아줌마 말대로 능력자인 성령님이 나와 함께하셨던 것일까. 이상한 일이 있기는 했다. 지인에게 기대감 없이 말했다.

"이번 주에 날 따라 교회에 가보지 않을래요?"

"그러죠, 뭐."

지인은 딸까지 데리고 교회에 나왔고 등록했다.

이웃에 사는 아기 엄마에게 토요일 날 가볍게 던졌다.

"내일 할 일 없으면 나랑 우리 교회에 가보지 않을래요?"

"좋아요."

전도가 본래 쉬운 건 줄 알았다. 하지만 여러 지역으로 이사 다니면서 전도가 잘 되었던 이유를 알았다. 나의 노력도 있었지만 교회 협력 때문이었다.

전도가 쉬웠던 그 교회는 대형교회였고 이미 이미지가 좋았었다. 여러 조직체계가 잘 되어있었고 효과적으로 활발했었다. 누구든 나는 등록시키는 것까지만 내 몫이었다. 그들이 교회에 정착할 때까지 교회에서 직접 마음을 써 주었다. 전도된 사람들을 친절하게 관리하는 건 교회였던 것이다.

다른 교회는 그러지 않았다. 시작부터 끝까지 혼자 도맡아 신경을 써야 했다. 시간, 에너지, 관심, 물질, 정성 자발적 호구가 되어야 했다. 어느 순간부터 힘에 부쳤다.

혼자 모든 걸 감당하는 사람들도 많다. 하지만 나는 역량이 부족한 것 같았다. 나의 부족함을 인정했고 교회마다 사정이 달라 똑같을 수 없음도 이해했다. 그때부터 나만의 전도 방법을 찾았다. 지금까지는 내 집 앞 개울에서 풍덩거리며 만난 사람을 전도했다면 바다로 나가기로 한 것이다. 낚시꾼은 자기가 잡은 고기를 직접 손질하고 매운탕도 끓이지만, 바다의 어부는 고기를 잡아 육지에 내려놓기만 하면 되는 것이다.

나는 소망을 품고 작가가 되게 해달라고 기도했고 등단했다. 글은 발이 없어도 하나님의 메시지를 갖고 어디든 갈 수 있기 때문이다. 그날 이후 하나님과 약속한 걸 지키려고 종교 글을 썼고, 펜으로 그물을 엮어 바다로 던졌다.

집주인 아줌마는 지나가는 말로 덕담했던 것일까. 아니면 특별한 영감으로 내 앞날을 예언했던 것일까? 그 말을 인식하며 살지는 않았지만 나는 공부하는 사람이 되어있었다.

뒷담화

〈보이는 세계〉

직장에서 화장을 짙게 하는 후배가 있었다. 파운데이션은 이쑤시개로 그림을 그려도 될 만큼 두껍고 눈화장과 입 라인은 변장술에 가까웠다. 그 후배는 점심시간에 식당에서 우연인지 의식적인지 항상 내 앞에 앉았다. 나는 화장품 냄새 때문에 순식간에 두통이 일고 음식 맛을 못 느꼈다. 어느 날 참지 못하고 사람들이 있는 곳에서 말했다.

"○○씨, 미안하지만 자리 좀 옮겨 줄래?"

"왜요?"

"화장품 냄새 때문에 머리가 아파."

후배는 당황한 듯 얼굴이 빨개지더니 조용히 일어났다. 그 후 후배는 나에 관한 뒷담화를 하고 다녔다. 그녀의 동기들이 '임금님 귀는 당나귀 귀'에 나오는 대나무숲이 되었고 후배는 북두장이가 되었다. 그러나 사람숲은 비밀을 지켜주지 않는다. 달리기하듯 빠르게 내 귀에 들어왔다.

당장 달려가서 후배를 나무라고 싶었지만 참았다. 절제력이 있어서가 아니다. 내게 말을 옮긴 두 사람 때문이었다. 두 사람은 내가 뒤에서 욕먹는 게 안타까워서 알려준 게 아니다. 이간질쟁이는 반응을 즐기려는 자다. 내가 후배를 닦달하는 걸 구경하려고 불쏘시개를 던진 것이다. 본래 사회란 힘 있는 자는 좀 잘못하고 유치해도 덮어주지만 약한 자는 들추어서 추락시킨다. 후배가 나보다 직급이 높았다면 두 사람은 내게 달려오지 않았을 것이다.

화장품 냄새가 싫으면 내가 조용히 옮겨 앉으면 될 일이었다. 선배랍시고 같잖은 갑질을 했던 내 모습이 부끄러워 따뜻한 캔 커피를 들고 후배에게 가서 내밀었다. 후배는 눈을 동그랗게 뜨며 당황스러워했다. 내가 '미안했어'라며 웃어 보이자 이내 미소를 지었다.

며칠 후, 후배가 밥을 사겠다고 했다. 밥 먹고 길을 걷는데 저 앞에 액세서리 파는 리어카가 있었다. 후배는 머리핀 두 개를 샀다. 하나는 내게 선물이라고 건네고 하나는 자기 머리에 꽂고 거울을 보다가 내게 물었다.

"선배님, 나 예뻐요?"

나비 핀을 꽂은 그녀는 꽃이었다. 후배는 애교도 무척 많고 꾸미기를 좋아하는 사람이었다. 예쁜 감성에 내가 얼음물을 끼얹은 것 같아 또다시 미안했다.

〈보이지 않는 세계〉

못마땅한 사람이 있을 때 하나님에게 말하면 기도가 되지만 사람에게 하면 험담이 된다. 알면서도 무의식적으로 할 때가 있다.

사회든 교회든 사람이 모여 있는 곳에는 뒷담화가 있다. 주동자가 떡밥을 던지면 몰려드는 고기떼들이 있기 마련이다. 도마 위에 오른 사람이 자기에게 잘못한 게 없어도 선동의 무리에 합류하는 것이다. 적당히 한배를 탄 느낌을 주어야 소외되지 않고, 관계 맺기 수단이기도 하다.

뒷담화가 나쁜 것만은 아니다. 때로 타인의 안 좋은 점을 들추다 보면 자신을 돌아보게 되어 발전을 가져오기도 한다. 그러나 대부분 스스로 반성하기보다 타인을 깎아내리는 걸 즐긴다.

교회 다니는 사람은 뒷담화하기 전에 염두에 둘 사항이 있다. 하나님은 뒷담화를 가볍게 여기지 않으신다. 그런 사람은 갑자기 재앙이 내린다고 극단적으로 표현할 만큼 경고하고 있다(잠6:12~19).

항상 말이란 쌍방의 말을 들어봐야 하기 때문이다. 양쪽의 말을 들어보면 상황 자체가 완전히 뒤바뀌는 경우도 많다. 한쪽 말만 듣고 편견을 가지면 누군가의 이미지를 추락시키고 억울하게 할 수도 있다. 말이란 살이 붙어 돌아다니고 한 번 무너진 이미지는 회복이 쉽지 않다. 피해자는 일일이 다니며 해명할 수도 없어 입의 칼날에 베인 상처 때문에 고통을 겪는다.

뒷담화의 무리에 낄 수 있다. 그러나 건조하게 응대하며 자연스럽게 화제를 전환하여 약화되도록 마음 쓰는 건 중요하다.

4차원 세계

〈보이는 세계〉

<언더 더 돔(under the dome)>이란 영화가 있다. 인간을 우리에 가둬 놓은 것처럼 투명 돔 안의 세계와 밖의 세계를 그린 내용이다. 두 세계에서 사는 사람들의 삶의 모습은 비슷하고 서로의 움직임도 볼 수 있다. 그러나 소리가 차단되어 말은 나눌 수 없고 왕래도 할 수 없다.

문제는 돔이 보이지 않기 때문에 밖의 사람들에게 많은 문제를 발생시켰다. 비행기, 자동차, 자전거를 타고 달리다가 돔에 부딪혔다. 경제적 손실이 크고 인명피해를 입었다.

밖의 사람들은 돔을 없애려고 했다. 하지만 상상을 초월하는 내구성이 단단하게 갖춰져 어떤 방법으로도 파괴하지 못했다. 실패를 거듭하다가 최후의 수단을 쓰기에 이른다. 돔 안의 사람들을 모두 희생시키더라도 미사일을 쏘기로 한다. 그러나 미사일에도 돔은 파괴되지 않았다. 돔 안의 세계는 그대로 있고 돔 밖의 세계만 무너져 갔다.

영화처럼 현실에서도 두 개의 세계가 공존하고 있다. 보이는 세계와 보이지 않는 영적 세계다. 투명 돔 안에 있는 사람들을 희생시키며 파괴하려고 해도 안 된 것처럼 영적 세계도 지구에서 사라지게 할 수 없다.

로물로스에 의해 티베르 강가에 도시를 세운 로마(BC 753)는 영적 세계인 기독교를 없애려고 애썼다. 믿음의 사람들을 배고픈 맹수에게 던지고 십자가에 매달며 박해했다. 그럼에도 훗날 로마만 동서로 갈라져 분열되었고 영적 세계는 오늘날까지 존속 되어있다.

〈보이지 않는 세계〉

보이는 세계와 보이지 않는 세계에서 사는 사람의 삶의 겉모습은 비슷하다. 그러나 내면은 다르다. 세상의 뛰어난 지혜로움도 영적 지혜와는 다르고, 가치관, 인생관, 추구하는 게 다른 것이다.

몇십 년 된 친구여도 믿음이 있는 사람과 없는 사람은 때로 두꺼운 시멘트벽을 마주하는 것처럼 소통이 막힐 때가 있다. 서로 다른 장소에서 다른 걸 보고 말하기 때문이다.

42살인 조카는 20대에 미국으로 공부하러 갔다가 그곳에서 남편을 만나 결혼했다. 가끔 한국에 있는 친정에 오면 만난다. 조카와 대화를 하면서 보이는 세계와 보이지 않는 영적 세계가 어떻게 다른지 구체적으로 인식하게 되었다.

조카는 미국에서 교회를 다니게 되었고 봉사활동도 열심히 하고 있었다. 조카는 청년일 때부터 비범해 보였고 진취적이고 야망가였으며 도전정신도 강했다. 그러나 많이 달라져 있었다. 세속적인 걸 쌓고 이루며 살기보다 영적인 삶에 관심이 깊었다.

조카는 나와 문화, 세대 차이가 있다. 그러나 나이. 사는 장소를 초월해 영적 돔(dome) 안에 함께 있는 듯 같은 곳에 있지 않으면 볼 수 없고 알 수 없는 걸 둘이 똑같이 말할 때가 있었다. 그곳에 있는 나무가 큰지, 작은지, 열매, 잎, 색깔과 모양이 어떤지를 똑같이 보면서 말하는 것처럼 가족에 대한 마인드, 사람을 대하는 마음가짐, 삶을 바라보는 시각, 추구하는 정신이 비슷했다. 조카는 나보다 20살이 어려도 영적 세계에서 무엇이 중요하고, 무엇을 중심에 두고 살아야 하며, 왜 그렇게 살아야 하는지까지 신앙의 본질을 말하고 있었기 때문이다.

영적 세계는 물리적인 건축물이 아니어서 믿음이 없는 사람의 눈에는 보이지 않는다. 인문학으로도 설명할 수가 없어 받아들이기 쉽지 않고 누구나 인정하기도 어렵다. 하지만 믿음이 있는 사람에게는 그 건축물이 보인다.

신(神)의 음성을 듣다

〈보이는 세계〉

 신의 음성을 들었다고 하면 긍정보다 부정적으로 인식된다. 귀신과의 접속, 정신적 질병인 환청, 신앙의 광신자로 보이기 때문이다. 개인적으로는 관심이 없어도 신앙적으로 무시하지는 않는다. 목소리가 아니어도 영성의 영감일 수도 있기 때문이다.

 초파일을 낀 며칠 공휴일을 맞아 서울에 사는 친구가 내가 사는 부산에 놀러왔다. 친구가 세계적 명소인 '해동용궁사'를 가보자고 했다. 해동용궁사는 멀리서 보면 바다에 떠 있는 것 같은 사찰이다.
 주차장에서부터 수많은 관광객과 신도들 틈에 섞여 10분 정도 걸었다. 사찰 입구에서 두 갈래로 나뉘었다. 불자들은 절로 들어가고 관광객은 바다에 붙어있는 넓은 갯바위 마당으로 향했다.
 한참 후에 친구와 해안선 길을 따라 걸었다. 친구는 모래사장에

조개껍질을 주우러 갔고 나는 서서 몸을 돌리다가 사찰 마당을 보게 됐다. 많은 신도들이 합장하고 봉축 법요식을 하고 있었다. 문득 우리나라 전통사찰 개수가 1,000개 정도라는 걸 어느 글에선가 읽은 기억이 떠올랐다. 한 사찰에도 저렇게 사람들이 많은데 전국적으로 헤아릴 수 없이 많겠구나 싶었다. 그러다가 의문이 솟구쳤다. "교인들은 불자들을 기피할 텐데 저 많은 불자들은 누가 전도하지?"였다. 그 순간이었다. 누군가 내 귓가에 속삭였다.

"의문을 가지는 자가 의무자다."

고개를 획 돌렸다. 아무도 없었다. 친구에게 소리쳤다.

"나한테 한 그 말이 무슨 뜻이야?"

"나 아무 말도 안 했는데."

선명하게 들린 속삭임은 내면의 소리인가. 뇌의 울림인가?

몇 달 후, 원주로 이사를 왔다. 어느 날 지인과 치악산 비루봉에 오르기로 했다. 산을 오르는 입구에 구룡사라는 사찰이 있었다. 그 앞을 지나가는데 스님의 독경 소리가 울려 퍼졌다. 지인이 잠시 감성에 젖더니 말했다.

"절에 다녀볼까."

그 순간 해동용궁사에서 들었던 말이 떠올랐다.

"의문을 가지는 자가 의무자다."

그 후 뇌리에서 떠나지를 않아 그때부터 집필해서 쓴 책이 『모든 만남에는 이유가 있다』이다. 글이란 발이 없어도 못 갈 장소가 없고 가리는 대상도 없다. 이 책은 타 종교를 비판하려고 쓴 글도 아니고, 옳고 그름을 가리는 것도 아니다. 타 종교를 알므로 내 종교의 우수성도 알게 되고 어떤 종교를 선택할 때 생각해보는 묵상의 도서다.

〈보이지 않는 세계〉

해변에서 들은 소리가 신의 음성이라고 확신하지는 않는다. 하지만 하나님이 내 성향, 기질을 잘 알고 계시기에 부정도 하지 않는다.

나는 어릴 때부터 호기심이 많고 탐구심이 강해 무엇인가에 꽂히면 결론이 날 때까지 파고들었다. 생각에 골몰하다가 가로수를 들이받아 지금도 이마에 희미한 흉터가 있다. 종교에 대해서도 마찬가지다. 진리는 하나일 것인데 여러 갈래여서 종교마다 무엇이 어떻게 다르고 각각 무엇을 주장하는지 궁금증이 발동했다.

삼라만상의 바다에 떠 있는 여러 배 중에 어느 배를 타야 진리에 다다를 수 있는 것인가. 이현령비현령(耳懸鈴鼻懸鈴)처럼 보는 관점에 따라 생각이 다르고 안목의 깊이, 넓이에 따라 받아들이는 차이로 각자의 주장이 다르다면 이 세상에 진정한 진리가 있기나 하는 것일까?

선현들의 생각이 들어있는 철학, 기독교, 불교, 힌두교, 이슬람교 서적에 심취했다. 종교학자 막스 뮐러(Friedrich Max Muller; 1823~1900)도 말했다. 한 종교를 아는 건 아무것도 모르는 것이다.

전체를 알고 하나를 선택하면 갈등이 적고, 내 종교에 우수성도 알면 흔들림이 없다.

사람이 종교를 위해 태어난 게 아니라 사람을 위해 종교가 있는 것이라면 현실적으로 도움이 되어야 한다. 절망감이 들 때 희망으로 이끌어 줄 수 있어야 하고, 최하의 기운일 때 최상의 기운으로 끌어 올려 주고, 배고픈 자와 배부른 자는 평등해야 한다. 부분이 아니라 전체를 관통하며 절대성, 보편성, 영원성이어야 한다.

사회적 약자일수록 현실에 아무런 작용이 없는 종교는 시냇물 위의 종이배와 같다. 상황에 지배받아 장애물과 구비를 만나면 뒤집히는 배는 필요 없다. 진리의 배는 태풍이 불어도 끄덕하지 않아야 하고 어두운 환경에서도 빛과 에너지가 되어주어야 한다. 믿음이란 가진 자는 일부를 내어놓는 일이지만 없는 자는 시간, 정성, 돈, 자국이 움푹 날 만큼 희생이 따른다. 헛되다면 기만이고 억울하고 슬프지 아니한가. 하지만 실존의 신은 나의 성향, 재능으로 진리의 배의 문을 열어 놓으라는 사인은 아니었을지…

부모는 하나님을 아는 지름길

〈보이는 세계〉

사업하는 아버지는 성미가 호랑이 같았고, 어머니는 순한 양이셨다. 두 분은 기질이 다른 것처럼 자식의 교육관도 달랐다. 아버지는 학교, 사회에 기부도 많이 하셨지만 자식에게도 풍족하게 베푸셨다. 사과가 먹고 싶다고 말하면 실컷 먹으라고 몇 궤짝을 배달시키고, 『데미안』 책 한 권 사달라고 하면 세계문학 전집 세트를 사 주셨다. 길에서 우연히 만나도 물으셨다.

"뭐, 갖고 싶은 거 없니?"

"음~ 없는데요."

필요한 게 있을 때마다 항상 주셨기에 미리 욕심내서 쌓아놓을 필요가 없었다.

아버지는 받은 만큼 줄 줄 아는 사람이 된다고 하시며 풍족하게 해주셨고, 어머니는 낭비벽을 부추긴다고 하신 것이다. 두 분의 생각은 달라도 모두 자식에 대한 사랑이셨기에 어떻게 받아들여 삶에 활용할지는 자식의 몫이었다.

아버지가 돌아가시고 난 후, 가세는 완전히 기울었다. 어머니는 시골에서 혼자 사셨다. 자식에게 삶의 도움을 전적으로 의지해야 했다. 관절염으로 한쪽 다리를 절어 집안 살림, 병원에도 모시고 다녀야 했다. 형제들이 멀리 살아 내가 전적으로 도맡아야 했다.

어머니는 갈 때마다 아무것도 줄 수 없는 당신의 무능력함을 미안해하시며 작은 것 하나에도 늘 고맙다고 표현하셨다. 어느 날 어머니는 내게 물으셨다.

"갖고 싶은 거 있으면 말해봐. 전 재산이 들어도 해줄게."

어머니 전 재산이라고 해봤자 매달 노령연금 받아 저축한 사백오십만 원이 전부였다.

"갖고 싶은 건 없고 소원은 있어."

"뭔데?"

"엄마가 교회 나가는 거."

엄마는 그다음 주부터 교회에 나가셨다. 오로지 딸에게 고마움을 갚기 위해서다. 그리고 일 년 후 돌아가셨다. 장례 마치고 돌아온 그날 밤이었다. 엄마가 꿈에 나타나셨다. 눈부시게 반짝이는 비단 한복을 입으셨고 다리를 절지 않고 건강하셨다.

한 어른에게 꿈 얘기를 했다. 장례 끝난 날 망자가 고운 모습으로 나타나는 건 좋은 곳에 가신 것이며 고맙다고 인사하러 온 것이라고 했다. 그 말을 믿는 건 아니어도 기분이 좋고 마음이 편안했다.

〈보이지 않는 세계〉

　육적인 아버지가 돌아가시고 몇십 년 후 영적인 하나님 아버지를 만났다. 하나님도 육적인 아버지처럼 똑같이 말씀하셨다.
　"원하는 거 있으면 말해 보려무나. 들어줄게."
　하지만 무엇을 달라는 기도가 잘 나오지 않았다. 인생을 낭만적으로 생각하지도 않고, 철학적인 무소유 정신도 아니고, 오만을 떠는 것도 아니다. 소유가 많지 않아도 염려하는 습관이 적었고, 내 손에 든 떡이 작아도 타인과 비교하지 않아서다.
　육적인 아버지가 필요한 게 있을 때마다 다 주셨기에 쌓아놓지 않아도 되었던 것처럼 영적인 아버지도 생각만 해도 필요한 걸 주실 때가 많아 욕심이 적은지도 모른다. 돈이 필요하면 생각지도 않는 곳에서 생겨 지금까지 빚 없이 살 수 있었고, 사람의 도움이 필요하면 신기하게 돕는 사람이 생겼다.
　육적인 아버지가 살아 계실 때 세상 사는 불안감이 없었듯이 아버지라고 부를 수 있는 영적 아버지가 있어 든든했다. 남의 아버지가 내 삶에 관심 가져 주지도 않고, 애써주지도 않을 것이며, 아버지라고 부를 수도 없다.
　때로는 필요한 게 있어 기도해도 하나님이 들어 주지 않으실 때도 있다. 그렇지만 하나님의 존재를 부정하지 않는다. 부모란 자식에게 꼭 무엇을 주어야만 부모인 게 아니기 때문이다. 어머니가 나에게 아무것도 줄 게 없었어도 나를 낳아 주신 분임에는 틀림없는 사실인 것처럼 하나님이 나를 창조하셨음을 믿는다.

본적도 없고, 만질 수도 없으며, 목소리도 들리지 않는 하나님에게 매주 찾아가 예배, 시간, 헌금하듯이 보이는 어머니에게 찾아가 용돈, 청소, 음식 해드리는 건 당연함이었다.

살아내는 능력이 달라진다

〈보이는 세계〉

어떤 종교든 피상적으로 믿으면 교리적인 사람이 되고 기적 같은 은혜의 경험이 많고 하나님의 뜻을 이해하면 인생의 목적이 된다.

마음이 약한 사람에게는 격려가 되고, 힘이 없는 사람은 붙들어주며, 질병 있는 사람은 치료의 기적도 일어나고, 돈 한 푼 없어도 부동산을 소유할 수 있는 기적을 체험하면 이 세상을 살아내는 능력이 달라진다.

신앙을 기복적으로 다가가면 실망하고 위험하다. 그러나 삶의 어려운 일이 생겼을 때 도움을 받을 수 있어야 믿음이 무기력하지 않다. 능력자인 아버지가 있는 자식들은 어려운 일이 생기고 필요한 게 있으면 도움받는 건 자연스러운 일이다.

〈보이지 않는 세계〉

베이커리점을 할 때 가게에 방이 없어 늘 푹신한 소파에 앉아 생활했다. 어느 날부터 허리가 아프기 시작했다. 병원에 가서 물리치료 할 시간을 내지 못해 약만 먹었다. 약만으로는 안 되는지 어느 순간부터 끊어질 듯이 통증이 왔다. 할 수 없이 가게 문을 닫고 물리치료를 받으러 다녔다. 그러나 시기를 놓쳐서인지 쉽게 호전되지 않았다.

하루는 새벽에 눈이 떠져 아무 생각 없이 새벽기도에 갔다. 그동안 밤늦게까지 일했기에 새벽기도를 안 갔었다.

평소에는 부목사님이 인도하셨는데 그날은 담임목사님이 강단에 서계셨다. 목사님은 오늘은 특별한 새벽기도회를 하겠다고 하셨다. 질병 있는 사람은 한 손은 가슴에 얹고 한 손은 아픈 부위에 갖다 대라고 하셨다.

목사님은 한참이나 치유를 염원하며 간절히 기도하셨다. 목사님 기도가 끝났다. 나는 허리가 치료되었을까 싶어 이리저리 상체를 돌리며 통증에 집중했다. 아무런 통증이 느껴지지 않았다.

그날 이후 몇십 년이 지나도 허리가 아파서 병원 간 적이 없다.

어머니가 생전에 사시던 집과 땅이 있다. 그 부동산은 어머니 명의가 아니었다. 그런데 어머니가 돌아가시고 난 후 집 정리하다가 그 땅에 대한 매매계약서를 발견했다. 알아보니 몇십 년 전에 어머니가 그 땅을 산 계약서였다. 그 당시 매도자가 명의이전 해주기 전에 돌아가셔서 그 아들에게 상속이 되었다.

그 사실을 알고 오빠가 매도자 아들에게 땅을 돌려 달라고 했다. 몇 번이나 부탁해도 그 아들은 일축했다. 그때 얼핏 스치는 생각이 왠지 내가 나서면 승산이 있을 것 같았다. 나는 전지전능한 하나님 아버지의 '딸'이기 때문이다.

형제들은 그 땅을 내가 찾아온다면 내 명의로 해도 된다고 했다. 그러나 이미 20년이 지나 법적 효력이 상실되어 되찾을 수 있는 어떤 근거도 없었다. 그렇지만 내 어머니의 권리를 찾는 건 부당함이 아니라 정당한 요구였기에 하나님이 그 아들의 마음만 움직여 주시면 될 것 같았다. 그 아들의 마음에 호소해 보기로 했다.

남의 주머니에 있는 만원도 뺏으려면 쉽지 않듯이 조금의 신경전은 있었다. 하지만 몇 달이 지나 그 아들은 땅을 양보해 주었다. 나는 돈이 없어도 몇백 평의 땅을 소유하게 되었다.

전원주택에 살았다. 앞이 탁 트여 멀리까지도 사계절 자연의 변화를 느낄 수 있는 곳이었다. 늘 수채화를 감상하듯 아름다워서 행복했고 조용한 곳이어서 평안하고 감사했다.

어느 날, 집 바로 옆에 우사가 들어온다고 했다. 분뇨처리시설을 갖추지 않는다고 했다. 그 동네는 상수도가 아니라 지하수여서 오염의 여지가 충분했다. 주인에게 분뇨시설을 갖춰서 들어오라고 요구했지만 정부에서 허락했다며 무시했다.

하나님께 그 우사가 들어오지 못하게 해달라고 기도했다. 그러나 나날이 우사 건물만 세워져 갔다. 우사 주인도 원망스럽고, 깨끗한 곳을 더럽히게 허락해준 정부도 짜증 났고, 기도를 들어주지 않는 하나님도 서운했다.

집을 매매로 내놓았다. 다행히 며칠 만에 좋은 값을 받고 팔렸다.

2년 후 우연히 그 마을을 지나가게 되었다. 나는 깜짝 놀랐다. 집 바로 앞에 커다란 공장이 들어서 있었고 자동차들이 드나들어 시끄러웠다. 내가 살던 집은 구석에 처박혀 길에서 보이지도 않았다.

그제야 하나님이 왜 내 부탁 기도를 안들 주셨는지 알게 되었다. 옆에는 냄새나는 우사, 앞에는 커다란 공장과 자동차 소음, 아마도 나는 그 집을 헐값에 팔아야 했을지도 모른다.

손해 보게 하지 않으시는 하나님, 늘 삶을 인도해주시는 것 같아 울컥했다.

약함을 뛰어넘는 힘

이성원 지음

발행처	도서출판 청어
발행인	이영철
영업	이동호
홍보	천성래
기획	육재섭
편집	이설빈
디자인	이수빈 l 구유림
제작이사	공병한
인쇄	두리터

등록　1999년 5월 3일
　　　(제321-3210000251001999000063호)

1판 1쇄 발행　2025년 6월 30일

주소　서울특별시 서초구 남부순환로 364길 8-15 동일빌딩 2층
대표전화　02-586-0477
팩시밀리　0303-0942-0478
홈페이지　www.chungeobook.com
E-mail　ppi20@hanmail.net

ISBN　979-11-6855-355-2(03810)

이 책의 저작권은 저자와 도서출판 청어에 있습니다.
무단 전재 및 복제를 금합니다.